개역개정·구약성경쓰기

시편하

전도서 | 아가

여호와는 너를 지키시는 이시라
여호와께서 네 오른쪽에서 네 그늘이 되시나니
낮의 해가 너를 상하게 하지 아니하며
밤의 달도 너를 해치지 아니하리로다
여호와께서 너를 지켜
모든 환난을 면하게 하시며
또 네 영혼을 지키시리로다
여호와께서 너의 출입을
지금부터 영원까지 지키시리로다
_시편 121:5~8_

레마북스
Rhema북스

추천의 글

"우리는 성경을 읽지만 세상은 우리를 읽는다."

성경은 세상 모든 책을 담을 수 있는 가장 큰 그릇입니다.

성경 필사는 단순히 글을 옮겨 쓰는 작업이 아니라 눈으로 활자를 읽고 손으로 쓰면서 머리로 헤아리는 일. 눈, 손, 머리를 동시에 동원하는 작업으로 오래전부터 필사는 효과가 입증된 글쓰기 훈련법입니다. 저명한 사람들은 필사의 경험이 없는 사람은 없습니다.

손과 종이 위에 연필 끝이 만나는 순간 미묘한 시간차가 발생합니다. 필사가 제공하는 틈 그 순간에 우리는 가만히 있지 않습니다. 단어와 문장을 거슬러 올라가고 맥락을 헤아리고 성경 내용을 되새김질 합니다. 필사 과정에서 눈으로 읽을 때 미처 보지 못한 내용을 발견하고 또 깨달을 수도 있습니다.

성경 필사는 하나님 말씀이 생명력 있게 살아나게 하는 작업입니다.

하나님 말씀이 우리들 마음속에 가득할 때 마음의 소원, 기도의 제목을 하나님이 들으시고 이루어 주실 것입니다.

성경의 진리들을 오직 성경으로, 오직 성령의 조명으로 해석하고 교리를 세우고 그 교리를 삶의 기준과 원칙으로 삼고 모든 삶의 영역에 적용하고자 한 청교도처럼 예수를 가장 잘 믿는 사람들, 가장 순수한 신앙으로 산 사람들 "크리스천" 되기를 소망합니다.

엮은이 **김영기**

레마북스 성경쓰기 시리즈 특징

✚ **볼펜, 만년필로 성경쓰기 편한 고급 재질의 종이 사용**

[레마북스 구약성경쓰기 시리즈 (17)시편하]는 유성볼펜이나 만년필 사용에 적합하도록 도톰하고 고급스런 광택이 나는 재질의 종이를 사용하였습니다.

✚ **성경쓰기 편하도록 페이지가 완전히 펼쳐지는 180도 고급 제본 사용**

[레마북스 구약성경쓰기 시리즈 (17)시편하]는 책을 펼친 중간 부분이 걸리지 않도록 페이지가 완전히 펼쳐지는 180도 고급 제본을 사용하였습니다.

✚ **10여년의 경험을 바탕으로 읽고 쓰기 편안한 글씨체 사용**

[레마북스 구약성경쓰기 시리즈 (17)시편하]는 통독을 겸한 필사가 가능하도록 읽고 쓰면서 스트레스 받지 않는 글씨체를 10여년의 실패와 경험을 바탕으로 선정하여 사용하였습니다.

✚ **따라쓸 수 있는 한자(漢字) 병기(併記)로 말씀 묵상의 극대화**

[레마북스 구약성경쓰기 시리즈 (17)시편하]는 긍정적이고 따라쓰기 쉬운 한자를 병기하여 깊은 묵상을 극대화하였습니다.

구약성경 통독표

순번	성경목록	장	절	평균통독시간/분	순번	성경목록	장	절	평균통독시간/분
1	창세기	50	1,533	203	21	전도서	12	222	31
2	출애굽기	40	1,213	162	22	아가	8	117	16
3	레위기	27	859	115	23	이사야	66	1,292	206
4	민수기	36	1,287	165	24	예레미야	52	1,364	300
5	신명기	34	959	147	25	예레미야애가	5	154	20
6	여호수아	24	658	99	26	에스겔	48	1,273	201
7	사사기	21	618	103	27	다니엘	12	357	62
8	룻기	4	85	14	28	호세아	14	197	30
9	사무엘상	31	810	136	29	요엘	3	73	11
10	사무엘하	24	695	113	30	아모스	9	146	23
11	열왕기상	22	816	128	31	오바댜	1	21	4
12	열왕기하	25	719	121	32	요나	4	48	7
13	역대상	29	942	119	33	미가	7	105	17
14	역대하	36	822	138	34	나훔	3	47	8
15	에스라	10	280	42	35	하박국	3	56	9
16	느헤미야	13	406	61	36	스바냐	3	53	9
17	에스더	10	167	29	37	학개	2	38	6
18	욥기	42	1,070	115	38	스가랴	14	211	33
19	시편	150	2,461	275	39	말라기	4	55	11
20	잠언	31	915	92		합 계	929	23,144	3,381

신약성경 통독표

순번	성경목록	장	절	평균통독시간/분	순번	성경목록	장	절	평균통독시간/분
1	마태복음	28	1,071	130	15	디모데전서	6	113	14
2	마가복음	16	678	81	16	디모데후서	4	83	11
3	누가복음	24	1,151	138	17	디도서	3	46	6
4	요한복음	21	879	110	18	빌레몬서	1	25	2
5	사도행전	28	1,007	127	19	히브리서	13	303	41
6	로마서	16	433	58	20	야고보서	5	108	14
7	고린도전서	16	437	57	21	베드로전서	5	105	15
8	고린도후서	13	256	37	22	베드로후서	3	61	9
9	갈라디아서	6	149	19	23	요한1서	5	105	15
10	에베소서	6	155	18	24	요한2서	1	13	2
11	빌립보서	4	104	14	25	요한3서	1	15	2
12	골로새서	4	95	12	26	유다서	1	25	4
13	데살로니가전서	5	89	12	27	요한계시록	22	404	61
14	데살로니가후서	3	47	6		합 계	260	7,957	1,015

구약성경	39권	23,144절	1,006,953문자	352,319단어	평균통독시간	56시간
신약성경	27권	7,957절	315,579문자	110,237단어	평균통독시간	17시간

115

¹여호와여 영광을 우리에게 돌리지 마옵소서
우리에게 돌리지 마옵소서

오직 주는 인자(仁慈)하시고 진실(眞實)하시므로
주의 이름에만 영광을 돌리소서

²어찌하여 뭇 나라가 그들의 하나님이 이제 어디 있느냐
말하게 하리이까

³오직 우리 하나님은 하늘에 계셔서
원하시는 모든 것을 행하셨나이다

⁴그들의 우상들은 은과 금이요 사람이 손으로 만든 것이라

⁵입이 있어도 말하지 못하며 눈이 있어도 보지 못하며

⁶귀가 있어도 듣지 못하며 코가 있어도 냄새 맡지 못하며

⁷손이 있어도 만지지 못하며 발이 있어도 걷지 못하며

목구멍이 있어도 작은 소리조차 내지 못하느니라

8우상들을 만드는 자들과 그것을 의지하는 자들이
다 그와 같으리로다

9이스라엘아 여호와를 의지하라
그는 너희의 도움이시요 너희의 방패시로다

10아론의 집이여 여호와를 의지하라
그는 너희의 도움이시요 너희의 방패시로다

11여호와를 경외하는 자들아 너희는 여호와를 의지하여라
그는 너희의 도움이시요 너희의 방패시로다

12여호와께서 우리를 생각하사 복을 주시되
이스라엘 집에도 복을 주시고 아론의 집에도 복을 주시며

13높은 사람이나 낮은 사람을 막론하고

여호와를 경외하는 자들에게 복을 주시리로다

14여호와께서 너희를 곧 너희와 너희의 자손을
더욱 번창하게 하시기를 원하노라

15너희는 천지를 지으신 여호와께 복을 받는 자로다

16하늘은 여호와의 하늘이라도 땅은 사람에게 주셨도다

17죽은 자들은 여호와를 찬양하지 못하나니
적막한 데로 내려가는 자들은 아무도 찬양하지 못하리로다

18우리는 이제부터 영원까지 여호와를 송축하리로다 할렐루야

116 1여호와께서 내 음성과 내 간구를 들으시므로
내가 그를 사랑하는도다

2그의 귀를 내게 기울이셨으므로 내가 평생에 기도하리로다

3사망의 줄이 나를 두르고 스올의 고통이 내게 이르므로

내가 환난과 슬픔을 만났을 때에

4 내가 여호와의 이름으로 기도하기를
여호와여 주께 구하오니 내 영혼을 건지소서 하였도다

5 여호와는 은혜로우시며 의로우시며
우리 하나님은 긍휼이 많으시도다

6 여호와께서는 순진한 자를 지키시나니
내가 어려울 때에 나를 구원하셨도다

7 내 영혼아 네 평안함으로 돌아갈지어다
여호와께서 너를 후대하심이로다

8 주께서 내 영혼을 사망에서, 내 눈을 눈물에서,
내 발을 넘어짐에서 건지셨나이다

9 내가 생명이 있는 땅에서 여호와 앞에 행하리로다

¹⁰내가 크게 고통을 당하였다고 말할 때에도 나는 믿었도다

¹¹내가 놀라서 이르기를 모든 사람이 거짓말쟁이라 하였도다

¹²내게 주신 모든 은혜를 내가 여호와께 무엇으로 보답할까

¹³내가 구원의 잔을 들고 여호와의 이름을 부르며

¹⁴여호와의 모든 백성 앞에서
나는 나의 서원을 여호와께 갚으리로다

¹⁵그의 경건한 자들의 죽음은
여호와께서 보시기에 귀중한 것이로다

¹⁶여호와여 나는 진실로 주의 종이요
주의 여종의 아들 곧 주의 종이라
주께서 나의 결박을 푸셨나이다

¹⁷내가 주께 감사제를 드리고 여호와의 이름을 부르리이다

¹⁸내가 여호와께 서원한 것을
그의 모든 백성이 보는 앞에서 내가 지키리로다

¹⁹예루살렘아, 네 한가운데에서
곧 여호와의 성전 뜰에서 지키리로다 할렐루야

117 ¹너희 모든 나라들아 여호와를 찬양하며
너희 모든 백성들아 그를 찬송할지어다

²우리에게 향하신 여호와의 인자하심이 크시고
여호와의 진실하심이 영원함이로다 할렐루야

118 ¹여호와께 감사하라 그는 선하시며
그의 인자하심이 영원함이로다

²이제 이스라엘은 말하기를
그의 인자하심이 영원하다 할지로다

³이제 아론의 집은 말하기를
그의 인자하심이 영원하다 할지로다

⁴이제 여호와를 경외하는 자는 말하기를
그의 인자하심이 영원하다 할지로다

⁵내가 고통 중에 여호와께 부르짖었더니
여호와께서 응답하시고 나를 넓은 곳에 세우셨도다

⁶여호와는 내 편이시라
내가 두려워하지 아니하리니 사람이 내게 어찌할까

⁷여호와께서 내 편이 되사 나를 돕는 자들 중에 계시니
그러므로 나를 미워하는 자들에게 보응하시는 것을
내가 보리로다

⁸여호와께 피하는 것이 사람을 신뢰하는 것보다 나으며

⁹여호와께 피하는 것이 고관들을 신뢰하는 것보다 낫도다

¹⁰뭇 나라가 나를 에워쌌으니
내가 여호와의 이름으로 그들을 끊으리로다

¹¹그들이 나를 에워싸고 에워쌌으니
내가 여호와의 이름으로 그들을 끊으리로다

¹²그들이 벌들처럼 나를 에워쌌으나
가시덤불의 불 같이 타 없어졌나니
내가 여호와의 이름으로 그들을 끊으리로다

¹³너는 나를 밀쳐 넘어뜨리려 하였으나
여호와께서는 나를 도우셨도다

¹⁴여호와는 나의 능력과 찬송이시요
또 나의 구원이 되셨도다

¹⁵의인들의 장막에는 기쁜 소리, 구원의 소리가 있음이여
여호와의 오른손이 권능을 베푸시며

¹⁶여호와의 오른손이 높이 들렸으며
여호와의 오른손이 권능을 베푸시는도다

¹⁷내가 죽지 않고 살아서
여호와께서 하시는 일을 선포하리로다

¹⁸여호와께서 나를 심(甚)히 경책하셨어도
죽음에는 넘기지 아니하셨도다

¹⁹내게 의의 문들을 열지어다
내가 그리로 들어가서 여호와께 감사하리로다

²⁰이는 여호와의 문이라
의인(義人)들이 그리로 들어가리로다

²¹주께서 내게 응답하시고 나의 구원이 되셨으니
내가 주께 감사하리이다

²²건축자가 버린 돌이 집 모퉁이의 머릿돌이 되었나니

²³이는 여호와께서 행하신 것이요 우리 눈에 기이한 바로다

²⁴이 날은 여호와께서 정하신 것이라
이 날에 우리가 즐거워하고 기뻐하리로다

²⁵여호와여 구하옵나니 이제 구원하소서
여호와여 우리가 구하옵나니 이제 형통하게 하소서

²⁶여호와의 이름으로 오는 자가 복이 있음이여
우리가 여호와의 집에서 너희를 축복하였도다

²⁷여호와는 하나님이시라
그가 우리에게 빛을 비추셨으니

밧줄로 절기 제물을 제단 뿔에 맬지어다

²⁸주는 나의 하나님이시라 내가 주께 감사하리이다
주는 나의 하나님이시라 내가 주를 높이리이다

²⁹여호와께 감사(感謝)하라
그는 선(善)하시며 그의 인자하심이 영원(永遠)함이로다

119 ¹행위가 온전하여 여호와의 율법을 따라
행하는 자들은 복이 있음이여

²여호와의 증거들을 지키고
전심(全心)으로 여호와를 구하는 자는 복이 있도다

³참으로 그들은 불의를 행하지 아니하고
주의 도를 행하는도다

⁴주께서 명령하사 주의 법도를 잘 지키게 하셨나이다

5내 길을 굳게 정하사 주의 율례를 지키게 하소서

6내가 주의 모든 계명에 주의할 때에는
부끄럽지 아니하리이다

7내가 주의 의로운 판단을 배울 때에는
정직한 마음으로 주께 감사하리이다

8내가 주의 율례들을 지키오리니 나를 아주 버리지 마옵소서

9청년이 무엇으로 그의 행실을 깨끗하게 하리이까
주의 말씀만 지킬 따름이니이다

10내가 전심으로 주를 찾았사오니
주의 계명에서 떠나지 말게 하소서

11내가 주께 범죄하지 아니하려 하여
주의 말씀을 내 마음에 두었나이다

¹²찬송을 받으실 주 여호와여
　주의 율례들을 내게 가르치소서

¹³주의 입의 모든 규례(規例)들을 나의 입술로 선포하였으며

¹⁴내가 모든 재물을 즐거워함 같이
　주의 증거들의 도를 즐거워하였나이다

¹⁵내가 주의 법도(法度)들을 작은 소리로 읊조리며
　주의 길들에 주의하며

¹⁶주의 율례들을 즐거워하며 주의 말씀을 잊지 아니하리이다

¹⁷주의 종을 후대(厚待)하여 살게 하소서
　그리하시면 주의 말씀을 지키리이다

¹⁸내 눈을 열어서 주의 율법에서 놀라운 것을 보게 하소서

¹⁹나는 땅에서 나그네가 되었사오니

주의 계명들을 내게 숨기지 마소서

20 주의 규례들을 항상 사모(思慕)함으로
내 마음이 상하나이다

21 교만하여 저주를 받으며
주의 계명들에서 떠나는 자들을 주께서 꾸짖으셨나이다

22 내가 주의 교훈들을 지켰사오니
비방과 멸시를 내게서 떠나게 하소서

23 고관들도 앉아서 나를 비방하였사오나
주의 종은 주의 율례들을 작은 소리로 읊조렸나이다

24 주의 증거들은 나의 즐거움이요
나의 충고자(忠告者)니이다

25 내 영혼이 진토에 붙었사오니

주의 말씀대로 나를 살아나게 하소서

26 내가 나의 행위를 아뢰매 주께서 내게 응답하셨사오니
주의 율례들을 내게 가르치소서

27 나에게 주의 법도들의 길을 깨닫게 하여 주소서
그리하시면 내가 주의 기이한 일들을
작은 소리로 읊조리리이다

28 나의 영혼이 눌림으로 말미암아 녹사오니
주의 말씀대로 나를 세우소서

29 거짓 행위를 내게서 떠나게 하시고
주의 법을 내게 은혜로이 베푸소서

30 내가 성실한 길을 택하고
주의 규례들을 내 앞에 두었나이다

³¹내가 주의 증거들에 매달렸사오니
여호와여 내가 수치(羞恥)를 당하지 말게 하소서

³²주께서 내 마음을 넓히시면
내가 주의 계명들의 길로 달려가리이다

³³여호와여 주의 율례들의 도를 내게 가르치소서
내가 끝까지 지키리이다

³⁴나로 하여금 깨닫게 하여 주소서
내가 주의 법을 준행하며 전심으로 지키리이다

³⁵나로 하여금 주의 계명들의 길로 행하게 하소서
내가 이를 즐거워함이니이다

³⁶내 마음을 주의 증거들에게 향하게 하시고
탐욕(貪慾)으로 향하지 말게 하소서

³⁷내 눈을 돌이켜 허탄한 것을 보지 말게 하시고
주의 길에서 나를 살아나게 하소서

³⁸주를 경외하게 하는 주의 말씀을
주의 종에게 세우소서

³⁹내가 두려워하는 비방을 내게서 떠나게 하소서
주의 규례들은 선하심이니이다

⁴⁰내가 주의 법도(法度)들을 사모하였사오니
주의 의로 나를 살아나게 하소서

⁴¹여호와여 주의 말씀대로
주의 인자하심과 주의 구원을 내게 임하게 하소서

⁴²그리하시면 내가 나를 비방하는 자들에게
대답할 말이 있사오리니 내가 주의 말씀을 의지함이니이다

⁴³진리의 말씀이 내 입에서 조금도 떠나지 말게 하소서
내가 주의 규례를 바랐음이니이다

⁴⁴내가 주의 율법을 항상 지키리이다 영원히 지키리이다

⁴⁵내가 주의 법도들을 구하였사오니 자유롭게 걸어갈 것이오며

⁴⁶또 왕들 앞에서 주의 교훈들을 말할 때에
수치를 당하지 아니하겠사오며

⁴⁷내가 사랑하는 주의 계명들을 스스로 즐거워하며

⁴⁸또 내가 사랑하는 주의 계명들을 향하여 내 손을 들고
주의 율례들을 작은 소리로 읊조리리이다

⁴⁹주의 종에게 하신 말씀을 기억하소서
주께서 내게 소망을 가지게 하셨나이다

⁵⁰이 말씀은 나의 고난 중의 위로라

주의 말씀이 나를 살리셨기 때문이니이다

51 교만한 자들이 나를 심히 조롱하였어도
나는 주의 법을 떠나지 아니하였나이다

52 여호와여 주의 옛 규례들을 내가 기억하고
스스로 위로하였나이다

53 주의 율법을 버린 악인들로 말미암아
내가 맹렬한 분노에 사로잡혔나이다

54 내가 나그네 된 집에서
주의 율례들이 나의 노래가 되었나이다

55 여호와여 내가 밤에 주의 이름을 기억하고
주의 법을 지켰나이다

56 내 소유는 이것이니 곧 주의 법도들을 지킨 것이니이다

57 여호와는 나의 분깃이시니
나는 주의 말씀을 지키리라 하였나이다

58 내가 전심(全心)으로 주께 간구하였사오니
주의 말씀대로 내게 은혜를 베푸소서

59 내가 내 행위를 생각하고
주의 증거들을 향하여 내 발길을 돌이켰사오며

60 주의 계명들을 지키기에 신속히 하고
지체하지 아니하였나이다

61 악인들의 줄이 내게 두루 얽혔을지라도
나는 주의 법을 잊지 아니하였나이다

62 내가 주의 의로운 규례들로 말미암아
밤중에 일어나 주께 감사하리이다

63나는 주를 경외하는 모든 자들과
주의 법도들을 지키는 자들의 친구라

64여호와여 주의 인자하심이 땅에 충만하였사오니
주의 율례들로 나를 가르치소서

65여호와여 주의 말씀대로 주의 종을 선대하셨나이다

66내가 주의 계명들을 믿었사오니
좋은 명철과 지식을 내게 가르치소서

67고난 당하기 전에는 내가 그릇 행하였더니
이제는 주의 말씀을 지키나이다

68주는 선하사 선을 행하시오니
주의 율례들로 나를 가르치소서

69교만한 자들이 거짓을 지어 나를 치려 하였사오나

나는 전심으로 주의 법도들을 지키리이다

70 그들의 마음은 살져서 기름덩이 같으나
   나는 주의 법을 즐거워하나이다

71 고난 당한 것이 내게 유익이라
   이로 말미암아 내가 주의 율례들을 배우게 되었나이다

72 주의 입의 법이 내게는 천천 금은보다 좋으니이다

73 주의 손이 나를 만들고 세우셨사오니
   내가 깨달아 주의 계명들을 배우게 하소서

74 주를 경외하는 자들이 나를 보고 기뻐하는 것은
   내가 주의 말씀을 바라는 까닭이니이다

75 여호와여 내가 알거니와 주의 심판은 의로우시고
   주께서 나를 괴롭게 하심은 성실하심 때문이니이다

76 구하오니 주의 종에게 하신 말씀대로
주의 인자하심이 나의 위안이 되게 하시며

77 주의 긍휼히 여기심이 내게 임하사 내가 살게 하소서
주의 법은 나의 즐거움이니이다

78 교만한 자들이 거짓으로 나를 엎드러뜨렸으니
그들이 수치를 당하게 하소서
나는 주의 법도들을 작은 소리로 읊조리리이다

79 주를 경외하는 자들이 내게 돌아오게 하소서
그리하시면 그들이 주의 증거들을 알리이다

80 내 마음으로 주의 율례들에 완전하게 하사
내가 수치를 당하지 아니하게 하소서

81 나의 영혼이 주의 구원을 사모하기에 피곤하오나

나는 주의 말씀을 바라나이다

⁸²나의 말이 주께서 언제나 나를 안위하실까 하면서
　내 눈이 주의 말씀을 바라기에 피곤하니이다

⁸³내가 연기 속의 가죽 부대 같이 되었으나
　주의 율례들을 잊지 아니하나이다

⁸⁴주의 종의 날이 얼마나 되나이까
　나를 핍박하는 자들을 주께서 언제나 심판하시리이까

⁸⁵주의 법을 따르지 아니하는 교만한 자들이
　나를 해(害)하려고 웅덩이를 팠나이다

⁸⁶주의 모든 계명들은 신실하니이다
　그들이 이유 없이 나를 핍박하오니 나를 도우소서

⁸⁷그들이 나를 세상에서 거의 멸하였으나

나는 주의 법도들을 버리지 아니하였사오니

⁸⁸주의 인자하심을 따라 나를 살아나게 하소서
그리하시면 주의 입의 교훈들을 내가 지키리이다

⁸⁹여호와여 주의 말씀은 영원히 하늘에 굳게 섰사오며

⁹⁰주의 성실하심은 대대에 이르나이다
주께서 땅을 세우셨으므로 땅이 항상 있사오니

⁹¹천지가 주의 규례(規例)들대로 오늘까지 있음은
만물이 주의 종이 된 까닭이니이다

⁹²주의 법이 나의 즐거움이 되지 아니하였더면
내가 내 고난 중에 멸망하였으리이다

⁹³내가 주의 법도들을 영원히 잊지 아니하오니
주께서 이것들 때문에 나를 살게 하심이니이다

⁹⁴나는 주의 것이오니 나를 구원하소서
  내가 주의 법도들만을 찾았나이다

⁹⁵악인들이 나를 멸하려고 엿보오나
  나는 주의 증거들만을 생각하겠나이다

⁹⁶내가 보니 모든 완전한 것이 다 끝이 있어도
  주의 계명들은 심히 넓으니이다

⁹⁷내가 주의 법을 어찌 그리 사랑하는지요
  내가 그것을 종일 작은 소리로 읊조리나이다

⁹⁸주의 계명들이 항상 나와 함께 하므로
  그것들이 나를 원수보다 지혜롭게 하나이다

⁹⁹내가 주의 증거들을 늘 읊조리므로
  나의 명철(明哲)함이 나의 모든 스승보다 나으며

29

¹⁰⁰주의 법도들을 지키므로
나의 명철함이 노인보다 나으니이다

¹⁰¹내가 주의 말씀을 지키려고 발을 금하여
모든 악한 길로 가지 아니하였사오며

¹⁰²주께서 나를 가르치셨으므로
내가 주의 규례들에서 떠나지 아니하였나이다

¹⁰³주의 말씀의 맛이 내게 어찌 그리 단지요
내 입에 꿀보다 더 다니이다

¹⁰⁴주의 법도들로 말미암아 내가 명철하게 되었으므로
모든 거짓 행위를 미워하나이다

¹⁰⁵주의 말씀은 내 발에 등이요 내 길에 빛이니이다

¹⁰⁶주의 의로운 규례들을 지키기로 맹세하고

굳게 정하였나이다

107 나의 고난이 매우 심하오니 여호와여
주의 말씀대로 나를 살아나게 하소서

108 여호와여 구하오니 내 입이 드리는 자원제물을 받으시고
주의 공의를 내게 가르치소서

109 나의 생명이 항상 위기(危機)에 있사오나
나는 주의 법을 잊지 아니하나이다

110 악인들이 나를 해하려고 올무를 놓았사오나
나는 주의 법도들에서 떠나지 아니하였나이다

111 주의 증거들로 내가 영원히 나의 기업을 삼았사오니
이는 내 마음의 즐거움이 됨이니이다

112 내가 주의 율례들을 영원히 행하려고

내 마음을 기울였나이다

¹¹³내가 두 마음 품는 자들을 미워하고
    주의 법을 사랑하나이다

¹¹⁴주는 나의 은신처요 방패시라
    내가 주의 말씀을 바라나이다

¹¹⁵너희 행악자들이여 나를 떠날지어다
    나는 내 하나님의 계명들을 지키리로다

¹¹⁶주의 말씀대로 나를 붙들어 살게 하시고
    내 소망(所望)이 부끄럽지 않게 하소서

¹¹⁷나를 붙드소서 그리하시면 내가 구원을 얻고
    주의 율례들에 항상 주의하리이다

¹¹⁸주의 율례들에서 떠나는 자는 주께서 다 멸시하셨으니

그들의 속임수는 허무함이니이다

¹¹⁹주께서 세상의 모든 악인들을 찌꺼기 같이 버리시니
그러므로 내가 주의 증거들을 사랑하나이다

¹²⁰내 육체(肉體)가 주를 두려워함으로 떨며
내가 또 주의 심판을 두려워하나이다

¹²¹내가 정의(正義)와 공의(公義)를 행하였사오니
나를 박해하는 자들에게 나를 넘기지 마옵소서

¹²²주의 종을 보증(保證)하사 복을 얻게 하시고
교만한 자들이 나를 박해하지 못하게 하소서

¹²³내 눈이 주의 구원과 주의 의로운 말씀을
사모하기에 피곤하나이다

¹²⁴주의 인자하심대로 주의 종에게 행하사

내게 주의 율례들을 가르치소서

125나는 주의 종이오니 나를 깨닫게 하사
주의 증거들을 알게 하소서

126그들이 주의 법을 폐하였사오니
지금은 여호와께서 일하실 때니이다

127그러므로 내가 주의 계명들을
금 곧 순금보다 더 사랑하나이다

128그러므로 내가 범사(凡事)에
모든 주의 법도들을 바르게 여기고
모든 거짓 행위를 미워하나이다

129주의 증거들은 놀라우므로 내 영혼이 이를 지키나이다

130주의 말씀을 열면 빛이 비치어

우둔한 사람들을 깨닫게 하나이다

131내가 주의 계명들을 사모하므로
내가 입을 열고 헐떡였나이다

132주의 이름을 사랑하는 자들에게 베푸시던 대로
내게 돌이키사 내게 은혜를 베푸소서

133나의 발걸음을 주의 말씀에 굳게 세우시고
어떤 죄악도 나를 주관(主管)하지 못하게 하소서

134사람의 박해에서 나를 구원하소서
그리하시면 내가 주의 법도들을 지키리이다

135주의 얼굴을 주의 종에게 비추시고
주의 율례로 나를 가르치소서

136그들이 주의 법(法)을 지키지 아니하므로

내 눈물이 시냇물 같이 흐르나이다

137 여호와여 주는 의로우시고 주의 판단은 옳으니이다

138 주께서 명령하신 증거들은 의롭고 지극히 성실하니이다

139 내 대적들이 주의 말씀을 잊어버렸으므로
내 열정이 나를 삼켰나이다

140 주의 말씀이 심히 순수하므로
주의 종이 이를 사랑하나이다

141 내가 미천하여 멸시를 당하나
주의 법도를 잊지 아니하였나이다

142 주의 의는 영원한 의요 주의 율법은 진리로소이다

143 환난과 우환이 내게 미쳤으나
주의 계명은 나의 즐거움이니이다

144 주의 증거들은 영원히 의로우시니
나로 하여금 깨닫게 하사 살게 하소서

145 여호와여 내가 전심으로 부르짖었사오니 내게 응답하소서
내가 주의 교훈들을 지키리이다

146 내가 주께 부르짖었사오니 나를 구원하소서
내가 주의 증거들을 지키리이다

147 내가 날이 밝기 전에 부르짖으며 주의 말씀을 바랐사오며

148 주의 말씀을 조용히 읊조리려고
내가 새벽녘에 눈을 떴나이다

149 주의 인자하심을 따라 내 소리를 들으소서
여호와여 주의 규례들을 따라 나를 살리소서

150 악을 따르는 자들이 가까이 왔사오니

그들은 주의 법에서 머니이다

151 여호와여 주께서 가까이 계시오니
주의 모든 계명들은 진리니이다

152 내가 전부터 주의 증거들을 알고 있었으므로
주께서 영원히 세우신 것인 줄을 알았나이다

153 나의 고난을 보시고 나를 건지소서
내가 주의 율법을 잊지 아니함이니이다

154 주께서 나를 변호하시고 나를 구하사
주의 말씀대로 나를 살리소서

155 구원이 악인들에게서 멀어짐은
그들이 주의 율례들을 구하지 아니함이니이다

156 여호와여 주의 긍휼이 많으오니

주의 규례들에 따라 나를 살리소서

157 나를 핍박하는 자들과 나의 대적들이 많으나
나는 주의 증거들에서 떠나지 아니하였나이다

158 주의 말씀을 지키지 아니하는 거짓된 자들을
내가 보고 슬퍼하였나이다

159 내가 주의 법도들을 사랑함을 보옵소서
여호와여 주의 인자하심을 따라 나를 살리소서

160 주의 말씀의 강령은 진리이오니
주의 의로운 모든 규례들은 영원하리이다

161 고관들이 거짓으로 나를 핍박하오나
나의 마음은 주의 말씀만 경외하나이다

162 사람이 많은 탈취물을 얻은 것처럼

나는 주의 말씀을 즐거워하나이다

163 나는 거짓을 미워하며 싫어하고 주의 율법을 사랑하나이다

164 주의 의로운 규례들로 말미암아
내가 하루 일곱 번씩 주를 찬양하나이다

165 주의 법을 사랑하는 자에게는 큰 평안이 있으니
그들에게 장애물이 없으리이다

166 여호와여 내가 주의 구원을 바라며
주의 계명들을 행하였나이다

167 내 영혼이 주의 증거들을 지켰사오며
내가 이를 지극히 사랑하나이다

168 내가 주의 법도들과 증거들을 지켰사오니
나의 모든 행위가 주 앞에 있음이니이다

¹⁶⁹여호와여 나의 부르짖음이 주의 앞에 이르게 하시고
주의 말씀대로 나를 깨닫게 하소서

---

¹⁷⁰나의 간구(懇求)가 주의 앞에 이르게 하시고
주의 말씀대로 나를 건지소서

---

¹⁷¹주께서 율례를 내게 가르치시므로
내 입술이 주를 찬양하리이다

---

¹⁷²주의 모든 계명들이 의로우므로
내 혀가 주의 말씀을 노래하리이다

---

¹⁷³내가 주의 법도들을 택하였사오니
주의 손이 항상 나의 도움이 되게 하소서

---

¹⁷⁴여호와여 내가 주의 구원을 사모하였사오며
주의 율법을 즐거워하나이다

---

¹⁷⁵내 영혼을 살게 하소서 그리하시면 주를 찬송하리이다
주의 규례들이 나를 돕게 하소서

¹⁷⁶잃은 양 같이 내가 방황하오니 주의 종을 찾으소서
내가 주의 계명들을 잊지 아니함이니이다

성전에 올라가는 노래

120 ¹내가 환난 중에 여호와께 부르짖었더니
내게 응답하셨도다

²여호와여 거짓된 입술과 속이는 혀에서 내 생명을 건져 주소서

³너 속이는 혀여 무엇을 네게 주며 무엇을 네게 더할꼬

⁴장사(壯士)의 날카로운 화살과 로뎀 나무 숯불이리로다

⁵메섹에 머물며 게달의 장막 중에 머무는 것이 내게 화로다

⁶내가 화평을 미워하는 자들과 함께 오래 거주하였도다

7나는 화평(和平)을 원할지라도
내가 말할 때에 그들은 싸우려 하는도다

성전에 올라가는 노래

121 1내가 산을 향하여 눈을 들리라
나의 도움이 어디서 올까

2나의 도움은 천지를 지으신 여호와에게서로다

3여호와께서 너를 실족(失足)하지 아니하게 하시며
너를 지키시는 이가 졸지 아니하시리로다

4이스라엘을 지키시는 이는 졸지도 아니하시고
주무시지도 아니하시리로다

5여호와는 너를 지키시는 이시라
여호와께서 네 오른쪽에서 네 그늘이 되시나니

⁶낮의 해가 너를 상하게 하지 아니하며
밤의 달도 너를 해치지 아니하리로다

⁷여호와께서 너를 지켜 모든 환난을 면하게 하시며
또 네 영혼을 지키시리로다

⁸여호와께서 너의 출입을 지금부터 영원까지 지키시리로다

다윗의 시 곧 성전에 올라가는 노래

122

¹사람이 내게 말하기를 여호와의 집에 올라가자
할 때에 내가 기뻐하였도다

²예루살렘아 우리 발이 네 성문 안에 섰도다

³예루살렘아 너는 잘 짜여진 성읍과 같이 건설되었도다

⁴지파들 곧 여호와의 지파들이 여호와의 이름에 감사하려고
이스라엘의 전례(傳例)대로 그리로 올라가는도다

⁵거기에 심판의 보좌를 두셨으니 곧 다윗의 집의 보좌로다

⁶예루살렘을 위하여 평안을 구하라
예루살렘을 사랑하는 자는 형통하리로다

⁷네 성 안에는 평안이 있고 네 궁중에는 형통함이 있을지어다

⁸내가 내 형제와 친구(親舊)를 위하여 이제 말하리니
네 가운데에 평안이 있을지어다

⁹여호와 우리 하나님의 집을 위하여
내가 너를 위하여 복을 구하리로다

성전에 올라가는 노래

123

¹하늘에 계시는 주여
내가 눈을 들어 주께 향하나이다

²상전(上典)의 손을 바라보는 종들의 눈 같이,

여주인의 손을 바라보는 여종의 눈 같이
우리의 눈이 여호와 우리 하나님을 바라보며
우리에게 은혜 베풀어 주시기를 기다리나이다

3 여호와여 우리에게 은혜를 베푸시고 또 은혜를 베푸소서
심한 멸시가 우리에게 넘치나이다

4 안일한 자의 조소와 교만한 자의 멸시가
우리 영혼에 넘치나이다

다윗의 시 곧 성전에 올라가는 노래

124
1 이스라엘은 이제 말하기를
여호와께서 우리 편에 계시지 아니하셨더라면
우리가 어떻게 하였으랴

2 사람들이 우리를 치러 일어날 때에

여호와께서 우리 편에 계시지 아니하셨더라면

³그 때에 그들의 노여움이 우리에게 맹렬하여
우리를 산 채로 삼켰을 것이며

⁴그 때에 물이 우리를 휩쓸며
시내가 우리 영혼을 삼켰을 것이며

⁵그 때에 넘치는 물이 우리 영혼을 삼켰을 것이라
할 것이로다

⁶우리를 내주어 그들의 이에 씹히지 아니하게 하신
여호와를 찬송할지로다

⁷우리의 영혼이 사냥꾼의 올무에서 벗어난 새 같이 되었나니
올무가 끊어지므로 우리가 벗어났도다

⁸우리의 도움은 천지를 지으신 여호와의 이름에 있도다

성전에 올라가는 노래

125
[1] 여호와를 의지하는 자는
시온 산이 흔들리지 아니하고
영원히 있음 같도다

[2] 산들이 예루살렘을 두름과 같이
여호와께서 그의 백성을 지금부터 영원까지 두르시리로다

[3] 악인의 규가 의인들의 땅에서는 그 권세를 누리지 못하리니
이는 의인들로 하여금 죄악에 손을 대지 아니하게 함이로다

[4] 여호와여 선한 자들과 마음이 정직한 자들에게 선대하소서

[5] 자기의 굽은 길로 치우치는 자들은
여호와께서 죄를 범하는 자들과 함께 다니게 하시리로다
이스라엘에게는 평강이 있을지어다

성전에 올라가는 노래

126

[1] 여호와께서 시온의 포로를 돌려 보내실 때에
우리는 꿈꾸는 것 같았도다

[2] 그 때에 우리 입에는 웃음이 가득하고
우리 혀에는 찬양이 찼었도다

그 때에 뭇 나라 가운데에서 말하기를
여호와께서 그들을 위하여 큰 일을 행하셨다 하였도다

[3] 여호와께서 우리를 위하여 큰 일을 행하셨으니
우리는 기쁘도다

[4] 여호와여 우리의 포로를 남방 시내들 같이 돌려 보내소서

[5] 눈물을 흘리며 씨를 뿌리는 자는 기쁨으로 거두리로다

[6] 울며 씨를 뿌리러 나가는 자는

반드시 기쁨으로 그 곡식 단을 가지고 돌아오리로다

솔로몬의 시 곧 성전에 올라가는 노래

127 ¹여호와께서 집을 세우지 아니하시면
세우는 자의 수고가 헛되며

여호와께서 성을 지키지 아니하시면
파수꾼의 깨어 있음이 헛되도다

²너희가 일찍이 일어나고 늦게 누우며
수고의 떡을 먹음이 헛되도다

그러므로 여호와께서 그의 사랑하시는 자에게는
잠을 주시는도다

³보라 자식들은 여호와의 기업이요
태의 열매는 그의 상급이로다

⁴젊은 자의 자식은 장사의 수중의 화살 같으니

⁵이것이 그의 화살통에 가득한 자는 복되도다
그들이 성문에서 그들의 원수와 담판할 때에
수치를 당하지 아니하리로다

성전에 올라가는 노래

128 ¹여호와를 경외하며 그의 길을 걷는 자마다
복이 있도다

²네가 네 손이 수고한 대로 먹을 것이라
네가 복되고 형통하리로다

³네 집 안방에 있는 네 아내는 결실한 포도나무 같으며
네 식탁에 둘러 앉은 자식들은 어린 감람나무 같으리로다

⁴여호와를 경외하는 자는 이같이 복을 얻으리로다

⁵여호와께서 시온에서 네게 복을 주실지어다
너는 평생에 예루살렘의 번영을 보며

⁶네 자식의 자식을 볼지어다
이스라엘에게 평강이 있을지로다

성전에 올라가는 노래

129

¹이스라엘은 이제 말하기를 그들이
내가 어릴 때부터 여러 번 나를 괴롭혔도다

²그들이 내가 어릴 때부터 여러 번 나를 괴롭혔으나
나를 이기지 못하였도다

³밭 가는 자들이 내 등을 갈아 그 고랑을 길게 지었도다

⁴여호와께서는 의(義)로우사 악인들의 줄을 끊으셨도다

⁵무릇 시온을 미워하는 자들은 수치를 당하여 물러갈지어다

⁶그들은 지붕의 풀과 같을지어다
그것은 자라기 전에 마르는 것이라

⁷이런 것은 베는 자의 손과
묶는 자의 품에 차지 아니하나니

⁸지나가는 자들도 여호와의 복이 너희에게 있을지어다 하거나
우리가 여호와의 이름으로 너희에게 축복한다 하지
아니하느니라

성전에 올라가는 노래

130

¹여호와여 내가 깊은 곳에서 주께 부르짖었나이다

²주여 내 소리를 들으시며
나의 부르짖는 소리에 귀를 기울이소서

³여호와여 주께서 죄악을 지켜보실진대 주여 누가 서리이까

⁴그러나 사유하심이 주께 있음은
주를 경외하게 하심이니이다

⁵나 곧 내 영혼은 여호와를 기다리며
나는 주의 말씀을 바라는도다

⁶파수꾼이 아침을 기다림보다 내 영혼이 주를 더 기다리나니
참으로 파수꾼이 아침을 기다림보다 더하도다

⁷이스라엘아 여호와를 바랄지어다
여호와께서는 인자하심과 풍성한 속량이 있음이라

⁸그가 이스라엘을 그의 모든 죄악에서 속량하시리로다

다윗의 시 곧 성전에 올라가는 노래

131 ¹여호와여 내 마음이 교만하지 아니하고
내 눈이 오만하지 아니하오며

내가 큰 일과 감당하지 못할 놀라운 일을 하려고
힘쓰지 아니하나이다

2 실로 내가 내 영혼으로 고요하고 평온하게 하기를
젖 뗀 아이가 그의 어머니 품에 있음 같게 하였나니
내 영혼이 젖 뗀 아이와 같도다

3 이스라엘아 지금부터 영원까지 여호와를 바랄지어다

성전에 올라가는 노래

132
1 여호와여 다윗을 위하여
그의 모든 겸손을 기억하소서

2 그가 여호와께 맹세하며 야곱의 전능자에게 서원하기를

3 내가 내 장막 집에 들어가지 아니하며
내 침상에 오르지 아니하고

⁴내 눈으로 잠들게 하지 아니하며
내 눈꺼풀로 졸게 하지 아니하기를

⁵여호와의 처소(處所) 곧 야곱의 전능자의 성막을
발견하기까지 하리라 하였나이다

⁶우리가 그것이 에브라다에 있다 함을 들었더니
나무 밭에서 찾았도다

⁷우리가 그의 계신 곳으로 들어가서
그의 발등상 앞에서 엎드려 예배하리로다

⁸여호와여 일어나사 주의 권능의 궤와 함께
평안한 곳으로 들어가소서

⁹주의 제사장들은 의를 옷 입고
주의 성도들은 즐거이 외칠지어다

10 주의 종 다윗을 위하여
주의 기름 부음 받은 자의 얼굴을 외면하지 마옵소서

11 여호와께서 다윗에게 성실히 맹세하셨으니
변하지 아니하실지라
이르시기를 네 몸의 소생(所生)을 네 왕위에 둘지라

12 네 자손이 내 언약과 그들에게 교훈하는
내 증거를 지킬진대 그들의 후손도 영원히
네 왕위(王位)에 앉으리라 하셨도다

13 여호와께서 시온을 택하시고
자기 거처를 삼고자 하여 이르시기를

14 이는 내가 영원히 쉴 곳이라
내가 여기 거주할 것은 이를 원하였음이로다

¹⁵내가 이 성의 식료품에 풍족히 복을 주고
그 떡으로 그 빈민을 만족하게 하리로다

¹⁶내가 그 제사장들에게 구원을 옷 입히리니
그 성도(聖徒)들은 즐거이 외치리로다

¹⁷내가 거기서 다윗에게 뿔이 나게 할 것이라
내가 내 기름 부음 받은 자를 위하여 등을 준비하였도다

¹⁸내가 그의 원수에게는 수치를 옷 입히고
그에게는 왕관이 빛나게 하리라 하셨도다

다윗의 시 곧 성전에 올라가는 노래

133

¹보라 형제가 연합하여 동거함이
어찌 그리 선하고 아름다운고

²머리에 있는 보배로운 기름이 수염

곧 아론의 수염에 흘러서 그의 옷깃까지 내림 같고

³ 헐몬의 이슬이 시온의 산들에 내림 같도다
거기서 여호와께서 복을 명령하셨나니 곧 영생이로다

성전에 올라가는 노래

134

¹ 보라 밤에 여호와의 성전에 서 있는
여호와의 모든 종들아 여호와를 송축하라

² 성소(聖所)를 향하여 너희 손을 들고 여호와를 송축하라

³ 천지를 지으신 여호와께서 시온에서 네게 복을 주실지어다

135

¹ 할렐루야 여호와의 이름을 찬송하라
여호와의 종들아 찬송하라

² 여호와의 집 우리 여호와의 성전(聖殿)
곧 우리 하나님의 성전 뜰에 서 있는 너희여

3여호와를 찬송하라
여호와는 선하시며 그의 이름이 아름다우니
그의 이름을 찬양하라

4여호와께서 자기를 위하여 야곱 곧 이스라엘을
자기의 특별한 소유로 택하셨음이로다

5내가 알거니와 여호와께서는 위대(偉大)하시며
우리 주는 모든 신들보다 위대하시도다

6여호와께서 그가 기뻐하시는 모든 일을
천지와 바다와 모든 깊은 데서 다 행하셨도다

7안개를 땅 끝에서 일으키시며 비를 위하여 번개를 만드시며
바람을 그 곳간에서 내시는도다

8그가 애굽의 처음 난 자를 사람부터 짐승까지 치셨도다

⁹애굽이여 여호와께서 네게 행한 표적들과 징조들을
바로와 그의 모든 신하들에게 보내셨도다

¹⁰그가 많은 나라를 치시고 강한 왕들을 죽이셨나니

¹¹곧 아모리인의 왕 시혼과 바산 왕 옥과
가나안의 모든 국왕이로다

¹²그들의 땅을 기업(基業)으로 주시되
자기 백성 이스라엘에게 기업으로 주셨도다

¹³여호와여 주의 이름이 영원하시니이다
여호와여 주를 기념함이 대대에 이르리이다

¹⁴여호와께서 자기 백성을 판단하시며
그의 종들로 말미암아 위로를 받으시리로다

¹⁵열국의 우상은 은금이요 사람의 손으로 만든 것이라

¹⁶입이 있어도 말하지 못하며 눈이 있어도 보지 못하며

¹⁷귀가 있어도 듣지 못하며
그들의 입에는 아무 호흡(呼吸)도 없나니

¹⁸그것을 만든 자와 그것을 의지하는 자가
다 그것과 같으리로다

¹⁹이스라엘 족속아 여호와를 송축하라
아론의 족속아 여호와를 송축하라

²⁰레위 족속아 여호와를 송축(頌祝)하라
여호와를 경외하는 너희들아 여호와를 송축하라

²¹예루살렘에 계시는 여호와는
시온에서 찬송을 받으실지어다 할렐루야

136 ¹여호와께 감사하라

그는 선하시며 그 인자하심이 영원함이로다

2 신들 중에 뛰어난 하나님께 감사하라
그 인자하심이 영원함이로다

3 주들 중에 뛰어난 주께 감사하라
그 인자하심이 영원함이로다

4 홀로 큰 기이한 일들을 행하시는 이에게 감사하라
그 인자하심이 영원함이로다

5 지혜로 하늘을 지으신 이에게 감사하라
그 인자하심이 영원함이로다

6 땅을 물 위에 펴신 이에게 감사하라
그 인자하심이 영원함이로다

7 큰 빛들을 지으신 이에게 감사하라

그 인자하심이 영원함이로다

8해로 낮을 주관(主管)하게 하신 이에게 감사하라
그 인자하심이 영원함이로다

9달과 별들로 밤을 주관하게 하신 이에게 감사하라
그 인자하심이 영원함이로다

10애굽의 장자를 치신 이에게 감사하라
그 인자하심이 영원함이로다

11이스라엘을 그들 중에서 인도하여 내신 이에게 감사하라
그 인자하심이 영원함이로다

12강한 손과 펴신 팔로 인도하여 내신 이에게 감사하라
그 인자하심이 영원함이로다

13홍해를 가르신 이에게 감사하라

그 인자하심이 영원함이로다

¹⁴이스라엘을 그 가운데로 통과하게 하신 이에게 감사하라
그 인자하심이 영원함이로다

¹⁵바로와 그의 군대를 홍해에 엎드러뜨리신 이에게 감사하라
그 인자하심이 영원함이로다

¹⁶그의 백성을 인도하여 광야를 통과하게 하신 이에게
감사하라 그 인자하심이 영원함이로다

¹⁷큰 왕들을 치신 이에게 감사하라
그 인자하심이 영원함이로다

¹⁸유명한 왕들을 죽이신 이에게 감사하라
그 인자하심이 영원함이로다

¹⁹아모리인의 왕 시혼을 죽이신 이에게 감사하라

그 인자하심이 영원함이로다

20 바산 왕 옥을 죽이신 이에게 감사하라
그 인자하심이 영원함이로다

21 그들의 땅을 기업으로 주신 이에게 감사하라
그 인자하심이 영원함이로다

22 곧 그 종 이스라엘에게 기업으로 주신 이에게 감사하라
그 인자하심이 영원함이로다

23 우리를 비천한 가운데에서도 기억해 주신 이에게
감사하라 그 인자하심이 영원함이로다

24 우리를 우리의 대적에게서 건지신 이에게 감사하라
그 인자하심이 영원함이로다

25 모든 육체에게 먹을 것을 주신 이에게 감사하라

그 인자하심이 영원함이로다

²⁶하늘의 하나님께 감사하라
그 인자하심이 영원함이로다

137 ¹우리가 바벨론의 여러 강변 거기에 앉아서
시온을 기억하며 울었도다

²그 중의 버드나무에 우리가 우리의 수금을 걸었나니

³이는 우리를 사로잡은 자가 거기서 우리에게 노래를 청하며
우리를 황폐하게 한 자가 기쁨을 청하고
자기들을 위하여 시온의 노래 중 하나를 노래하라 함이로다

⁴우리가 이방 땅에서 어찌 여호와의 노래를 부를까

⁵예루살렘아 내가 너를 잊을진대
내 오른손이 그의 재주를 잊을지로다

⁶내가 예루살렘을 기억하지 아니하거나
내가 가장 즐거워하는 것보다 더 즐거워하지 아니할진대
내 혀가 내 입천장에 붙을지로다

⁷여호와여 예루살렘이 멸망하던 날을 기억하시고
에돔 자손을 치소서

그들의 말이 헐어 버리라 헐어 버리라
그 기초까지 헐어 버리라 하였나이다

⁸멸망할 딸 바벨론아 네가 우리에게 행한 대로
네게 갚는 자가 복이 있으리로다

⁹네 어린 것들을 바위에 메어치는 자는 복이 있으리로다

다윗의 시

138

¹내가 전심(全心)으로 주께 감사하며

신들 앞에서 주께 찬송하리이다

²내가 주의 성전을 향하여 예배하며
주의 인자하심과 성실하심으로 말미암아

주의 이름에 감사하오리니 이는 주께서
주의 말씀을 주의 모든 이름보다 높게 하셨음이라

³내가 간구하는 날에 주께서 응답하시고
내 영혼에 힘을 주어 나를 강하게 하셨나이다

⁴여호와여 세상의 모든 왕들이 주께 감사할 것은
그들이 주의 입의 말씀을 들음이오며

⁵그들이 여호와의 도를 노래할 것은
여호와의 영광이 크심이니이다

⁶여호와께서는 높이 계셔도 낮은 자를 굽어살피시며

멀리서도 교만한 자를 아심이니이다

7내가 환난 중에 다닐지라도 주께서 나를 살아나게 하시고
주의 손을 펴사 내 원수들의 분노를 막으시며
주의 오른손이 나를 구원하시리이다

8여호와께서 나를 위하여 보상해 주시리이다
여호와여 주의 인자하심이 영원하오니
주의 손으로 지으신 것을 버리지 마옵소서

다윗의 시, 인도자를 따라 부르는 노래

139

1여호와여 주께서 나를 살펴 보셨으므로
나를 아시나이다

2주께서 내가 앉고 일어섬을 아시고
멀리서도 나의 생각을 밝히 아시오며

3나의 모든 길과 내가 눕는 것을 살펴 보셨으므로
나의 모든 행위를 익히 아시오니

4여호와여 내 혀의 말을 알지 못하시는 것이
하나도 없으시니이다

5주께서 나의 앞뒤를 둘러싸시고 내게 안수하셨나이다

6이 지식이 내게 너무 기이하니
높아서 내가 능히 미치지 못하나이다

7내가 주의 영을 떠나 어디로 가며
주의 앞에서 어디로 피하리이까

8내가 하늘에 올라갈지라도 거기 계시며
스올에 내 자리를 펼지라도 거기 계시니이다

9내가 새벽 날개를 치며 바다 끝에 가서 거주할지라도

¹⁰거기서도 주의 손이 나를 인도(引導)하시며
주의 오른손이 나를 붙드시리이다

¹¹내가 혹시 말하기를 흑암이 반드시 나를 덮고
나를 두른 빛은 밤이 되리라 할지라도

¹²주에게서는 흑암이 숨기지 못하며
밤이 낮과 같이 비추이나니
주에게는 흑암과 빛이 같음이니이다

¹³주께서 내 내장을 지으시며
나의 모태에서 나를 만드셨나이다

¹⁴내가 주께 감사하옴은
나를 지으심이 심히 기묘(奇妙)하심이라
주께서 하시는 일이 기이함을 내 영혼이 잘 아나이다

15내가 은밀한 데서 지음을 받고
   땅의 깊은 곳에서 기이하게 지음을 받은 때에
   나의 형체가 주의 앞에 숨겨지지 못하였나이다

16내 형질(形質)이 이루어지기 전에 주의 눈이 보셨으며
   나를 위하여 정한 날이 하루도 되기 전에
   주의 책에 다 기록이 되었나이다

17하나님이여 주의 생각이 내게 어찌 그리 보배로우신지요
   그 수가 어찌 그리 많은지요

18내가 세려고 할지라도 그 수가 모래보다 많도소이다
   내가 깰 때에도 여전히 주와 함께 있나이다

19하나님이여 주께서 반드시 악인을 죽이시리이다
   피 흘리기를 즐기는 자들아 나를 떠날지어다

20 그들이 주를 대하여 악하게 말하며
  주의 원수들이 주의 이름으로 헛되이 맹세하나이다

21 여호와여 내가 주를 미워하는 자들을 미워하지 아니하오며
  주를 치러 일어나는 자들을 미워하지 아니하나이까

22 내가 그들을 심히 미워하니 그들은 나의 원수들이니이다

23 하나님이여 나를 살피사 내 마음을 아시며
  나를 시험하사 내 뜻을 아옵소서

24 내게 무슨 악한 행위가 있나 보시고
  나를 영원한 길로 인도하소서

다윗의 시, 인도자를 따라 부르는 노래

140

1 여호와여 악인에게서 나를 건지시며
포악한 자에게서 나를 보전하소서

²그들이 마음속으로 악을 꾀하고
싸우기 위하여 매일 모이오며

³뱀 같이 그 혀를 날카롭게 하니
그 입술 아래에는 독사의 독이 있나이다 (셀라)

⁴여호와여 나를 지키사 악인의 손에 빠지지 않게 하시며
나를 보전하사 포악한 자에게서 벗어나게 하소서
그들은 나의 걸음을 밀치려 하나이다

⁵교만한 자가 나를 해하려고 올무와 줄을 놓으며
길 곁에 그물을 치며 함정을 두었나이다 (셀라)

⁶내가 여호와께 말하기를 주는 나의 하나님이시니
여호와여 나의 간구하는 소리에 귀를 기울이소서 하였나이다

⁷내 구원의 능력이신 주 여호와여

전쟁의 날에 주께서 내 머리를 가려 주셨나이다

8여호와여 악인의 소원을 허락하지 마시며
그의 악한 꾀를 이루지 못하게 하소서
그들이 스스로 높일까 하나이다 (셀라)

9나를 에워싸는 자들이 그들의 머리를 들 때에
그들의 입술의 재난이 그들을 덮게 하소서

10뜨거운 숯불이 그들 위에 떨어지게 하시며
불 가운데와 깊은 웅덩이에 그들로 하여금 빠져
다시 일어나지 못하게 하소서

11악담하는 자는 세상에서 굳게 서지 못하며
포악한 자는 재앙이 따라서 패망하게 하리이다

12내가 알거니와 여호와는 고난 당하는 자를 변호해 주시며

궁핍한 자에게 정의를 베푸시리이다

13진실로 의인들이 주의 이름에 감사하며
정직한 자들이 주의 앞에서 살리이다

다윗의 시

141
1여호와여 내가 주를 불렀사오니
속히 내게 오시옵소서

내가 주께 부르짖을 때에
내 음성에 귀를 기울이소서

2나의 기도가 주의 앞에 분향함과 같이 되며
나의 손 드는 것이 저녁 제사 같이 되게 하소서

3여호와여 내 입에 파수꾼을 세우시고
내 입술의 문을 지키소서

⁴내 마음이 악한 일에 기울어
죄악을 행하는 자들과 함께 악을 행하지 말게 하시며
그들의 진수성찬(珍羞盛饌)을 먹지 말게 하소서

⁵의인이 나를 칠지라도 은혜로 여기며
책망할지라도 머리의 기름 같이 여겨서

내 머리가 이를 거절하지 아니할지라
그들의 재난 중에도 내가 항상 기도하리로다

⁶그들의 재판관(裁判官)들이 바위 곁에 내려 던져졌도다
내 말이 달므로 무리가 들으리로다

⁷사람이 밭 갈아 흙을 부스러뜨림 같이
우리의 해골이 스올 입구에 흩어졌도다

⁸주 여호와여 내 눈이 주께 향하며 내가 주께 피하오니

내 영혼을 빈궁한 대로 버려 두지 마옵소서

9나를 지키사 그들이 나를 잡으려고 놓은 올무와
악을 행하는 자들의 함정에서 벗어나게 하옵소서

10악인은 자기 그물에 걸리게 하시고
나만은 온전히 면하게 하소서

다윗이 굴에 있을 때에 지은 마스길 곧 기도

142 1내가 소리 내어 여호와께 부르짖으며
소리 내어 여호와께 간구하는도다

2내가 내 원통함을 그의 앞에 토로하며
내 우환을 그의 앞에 진술하는도다

3내 영이 내 속에서 상할 때에도 주께서 내 길을 아셨나이다
내가 가는 길에 그들이 나를 잡으려고 올무를 숨겼나이다

⁴오른쪽을 살펴 보소서
나를 아는 이도 없고 나의 피난처도 없고
내 영혼을 돌보는 이도 없나이다

⁵여호와여 내가 주께 부르짖어 말하기를
주는 나의 피난처시요
살아 있는 사람들의 땅에서 나의 분깃이시라 하였나이다

⁶나의 부르짖음을 들으소서 나는 심히 비천하니이다
나를 핍박하는 자들에게서 나를 건지소서
그들은 나보다 강하니이다

⁷내 영혼을 옥에서 이끌어 내사 주의 이름을 감사하게 하소서
주께서 나에게 갚아 주시리니 의인들이 나를 두르리이다

다윗의 시

143

1 여호와여 내 기도를 들으시며
내 간구에 귀를 기울이시고
주의 진실과 의로 내게 응답하소서

2 주의 종에게 심판을 행하지 마소서
주의 눈 앞에는 의로운 인생이 하나도 없나이다

3 원수가 내 영혼을 핍박(逼迫)하며
내 생명을 땅에 엎어서 나로 죽은 지 오랜 자 같이
나를 암흑 속에 두었나이다

4 그러므로 내 심령이 속에서 상하며
내 마음이 내 속에서 참담하니이다

5 내가 옛날을 기억하고 주의 모든 행하신 것을 읊조리며
주의 손이 행하는 일을 생각하고

6 주를 향하여 손을 펴고 내 영혼이 마른 땅 같이
주를 사모하나이다 (셀라)

7 여호와여 속히 내게 응답하소서 내 영이 피곤하니이다
주의 얼굴을 내게서 숨기지 마소서
내가 무덤에 내려가는 자 같을까 두려워하나이다

8 아침에 나로 하여금 주의 인자한 말씀을 듣게 하소서
내가 주를 의뢰함이니이다

내가 다닐 길을 알게 하소서
내가 내 영혼을 주께 드림이니이다

9 여호와여 나를 내 원수들에게서 건지소서
내가 주께 피하여 숨었나이다

10 주는 나의 하나님이시니

나를 가르쳐 주의 뜻을 행하게 하소서
주의 영은 선하시니 나를 공평한 땅에 인도하소서

¹¹ 여호와여 주의 이름을 위하여 나를 살리시고
주의 의로 내 영혼을 환난에서 끌어내소서

¹² 주의 인자하심으로 나의 원수들을 끊으시고
내 영혼을 괴롭게 하는 자를 다 멸하소서
나는 주의 종이니이다

다윗의 시

144
¹ 나의 반석이신 여호와를 찬송하리로다
그가 내 손을 가르쳐 싸우게 하시며
손가락을 가르쳐 전쟁하게 하시는도다

² 여호와는 나의 사랑이시요 나의 요새(要塞)이시요

나의 산성이시요 나를 건지시는 이시요
나의 방패이시니 내가 그에게 피하였고
그가 내 백성을 내게 복종하게 하셨나이다

3 여호와여 사람이 무엇이기에 주께서 그를 알아 주시며
인생이 무엇이기에 그를 생각하시나이까

4 사람은 헛것 같고 그의 날은 지나가는 그림자 같으니이다

5 여호와여 주의 하늘을 드리우고 강림하시며
산들에 접촉하사 연기를 내게 하소서

6 번개를 번쩍이사 원수들을 흩으시며
주의 화살을 쏘아 그들을 무찌르소서

7 위에서부터 주의 손을 펴사
나를 큰 물과 이방인의 손에서 구하여 건지소서

⁸그들의 입은 거짓을 말하며
그의 오른손은 거짓의 오른손이니이다

⁹하나님이여 내가 주께 새 노래로 노래하며
열 줄 비파로 주를 찬양하리이다

¹⁰주는 왕들에게 구원을 베푸시는 자시요
그의 종 다윗을 그 해하려는 칼에서 구하시는 자시니이다

¹¹이방인의 손에서 나를 구하여 건지소서
그들의 입은 거짓을 말하며
그 오른손은 거짓의 오른손이니이다

¹²우리 아들들은 어리다가 장성한 나무들과 같으며
우리 딸들은 궁전의 양식대로 아름답게 다듬은
모퉁잇돌들과 같으며

¹³우리의 곳간에는 백곡이 가득하며
우리의 양은 들에서 천천과 만만으로 번성하며

¹⁴우리 수소는 무겁게 실었으며 또 우리를 침노하는 일이나
우리가 나아가 막는 일이 없으며
우리 거리에는 슬피 부르짖음이 없을진대

¹⁵이러한 백성은 복이 있나니
여호와를 자기 하나님으로 삼는 백성은 복이 있도다

다윗의 찬송시

145

¹왕이신 나의 하나님이여 내가 주를 높이고
영원히 주의 이름을 송축하리이다

²내가 날마다 주를 송축하며
영원히 주의 이름을 송축하리이다

³여호와는 위대(偉大)하시니 크게 찬양할 것이라
그의 위대하심을 측량(測量)하지 못하리로다

⁴대대로 주께서 행하시는 일을 크게 찬양하며
주의 능한 일을 선포하리로다

⁵주의 존귀하고 영광스러운 위엄과 주의 기이한 일들을
나는 작은 소리로 읊조리리이다

⁶사람들은 주의 두려운 일의 권능을 말할 것이요
나도 주의 위대하심을 선포하리이다

⁷그들이 주의 크신 은혜를 기념하여 말하며
주의 의를 노래하리이다

⁸여호와는 은혜로우시며 긍휼이 많으시며
노하기를 더디 하시며 인자하심이 크시도다

⁹여호와께서는 모든 것을 선대(善待)하시며
　그 지으신 모든 것에 긍휼을 베푸시는도다

¹⁰여호와여 주께서 지으신 모든 것들이 주께 감사하며
　주의 성도들이 주를 송축하리이다

¹¹그들이 주의 나라의 영광을 말하며 주의 업적을 일러서

¹²주의 업적과 주의 나라의 위엄 있는 영광을
　인생들에게 알게 하리이다

¹³주의 나라는 영원한 나라이니
　주의 통치는 대대에 이르리이다

¹⁴여호와께서는 모든 넘어지는 자들을 붙드시며
　비굴한 자들을 일으키시는도다

¹⁵모든 사람의 눈이 주를 앙망(仰望)하오니

주는 때를 따라 그들에게 먹을 것을 주시며

16 손을 펴사 모든 생물의 소원을 만족하게 하시나이다

17 여호와께서는 그 모든 행위에 의로우시며
그 모든 일에 은혜로우시도다

18 여호와께서는 자기에게 간구하는 모든 자
곧 진실하게 간구하는 모든 자에게 가까이 하시는도다

19 그는 자기를 경외하는 자들의 소원을 이루시며
또 그들의 부르짖음을 들으사 구원하시리로다

20 여호와께서 자기를 사랑하는 자들은 다 보호하시고
악인들은 다 멸하시리로다

21 내 입이 여호와의 영예를 말하며
모든 육체가 그의 거룩하신 이름을 영원히 송축할지로다

146

¹할렐루야 내 영혼아 여호와를 찬양하라

²나의 생전에 여호와를 찬양하며
나의 평생에 내 하나님을 찬송하리로다

³귀인들을 의지하지 말며
도울 힘이 없는 인생도 의지하지 말지니

⁴그의 호흡이 끊어지면 흙으로 돌아가서
그 날에 그의 생각이 소멸하리로다

⁵야곱의 하나님을 자기의 도움으로 삼으며
여호와 자기 하나님에게 자기의 소망을 두는 자는
복이 있도다

⁶여호와는 천지와 바다와 그 중의 만물을 지으시며
영원히 진실(眞實)함을 지키시며

⁷억눌린 사람들을 위해 정의로 심판하시며
주린 자들에게 먹을 것을 주시는 이시로다
여호와께서는 갇힌 자들에게 자유를 주시는도다

⁸여호와께서 맹인들의 눈을 여시며
여호와께서 비굴한 자들을 일으키시며
여호와께서 의인들을 사랑하시며

⁹여호와께서 나그네들을 보호하시며
고아와 과부를 붙드시고 악인들의 길은 굽게 하시는도다

¹⁰시온아 여호와는 영원히 다스리시고
네 하나님은 대대로 통치하시리로다 할렐루야

147 ¹할렐루야 우리 하나님을 찬양하는 일이 선함이여
찬송하는 일이 아름답고 마땅하도다

2여호와께서 예루살렘을 세우시며
이스라엘의 흩어진 자들을 모으시며

3상심(傷心)한 자들을 고치시며
그들의 상처를 싸매시는도다

4그가 별들의 수효를 세시고
그것들을 다 이름대로 부르시는도다

5우리 주는 위대하시며 능력이 많으시며
그의 지혜가 무궁하시도다

6여호와께서 겸손한 자들은 붙드시고
악인들은 땅에 엎드러뜨리시는도다

7감사함으로 여호와께 노래하며
수금으로 하나님께 찬양할지어다

8그가 구름으로 하늘을 덮으시며
땅을 위하여 비를 준비하시며 산에 풀이 자라게 하시며

9들짐승과 우는 까마귀 새끼에게 먹을 것을 주시는도다

10여호와는 말의 힘이 세다 하여 기뻐하지 아니하시며
사람의 다리가 억세다 하여 기뻐하지 아니하시고

11여호와는 자기를 경외하는 자들과
그의 인자하심을 바라는 자들을 기뻐하시는도다

12예루살렘아 여호와를 찬송할지어다
시온아 네 하나님을 찬양할지어다

13그가 네 문빗장을 견고히 하시고
네 가운데에 있는 너의 자녀들에게 복을 주셨으며

14네 경내를 평안하게 하시고 아름다운 밀로 너를 배불리시며

¹⁵그의 명령을 땅에 보내시니 그의 말씀이 속히 달리는도다

¹⁶눈을 양털 같이 내리시며 서리를 재 같이 흩으시며

¹⁷우박을 떡 부스러기 같이 뿌리시나니
누가 능히 그의 추위를 감당하리요

¹⁸그의 말씀을 보내사 그것들을 녹이시고
바람을 불게 하신즉 물이 흐르는도다

¹⁹그가 그의 말씀을 야곱에게 보이시며
그의 율례와 규례를 이스라엘에게 보이시는도다

²⁰그는 어느 민족에게도 이와 같이 행하지 아니하셨나니
그들은 그의 법도를 알지 못하였도다 할렐루야

148 ¹할렐루야 하늘에서 여호와를 찬양하며
높은 데서 그를 찬양할지어다

² 그의 모든 천사(天使)여 찬양하며
모든 군대여 그를 찬양할지어다

³ 해와 달아 그를 찬양하며
밝은 별들아 다 그를 찬양할지어다

⁴ 하늘의 하늘도 그를 찬양하며
하늘 위에 있는 물들도 그를 찬양할지어다

⁵ 그것들이 여호와의 이름을 찬양함은
그가 명령(命令)하시므로 지음을 받았음이로다

⁶ 그가 또 그것들을 영원히 세우시고
폐하지 못할 명령을 정하셨도다

⁷ 너희 용들과 바다여 땅에서 여호와를 찬양하라

⁸ 불과 우박과 눈과 안개와 그의 말씀을 따르는 광풍이며

⁹산들과 모든 작은 산과 과수(果樹)와 모든 백향목이며

¹⁰짐승과 모든 가축과 기는 것과 나는 새며

¹¹세상의 왕들과 모든 백성들과
고관들과 땅의 모든 재판관들이며

¹²총각과 처녀와 노인과 아이들아

¹³여호와의 이름을 찬양할지어다
그의 이름이 홀로 높으시며
그의 영광이 땅과 하늘 위에 뛰어나심이로다

¹⁴그가 그의 백성의 뿔을 높이셨으니
그는 모든 성도 곧 그를 가까이 하는 백성
이스라엘 자손의 찬양 받을 이시로다 할렐루야

149

¹할렐루야 새 노래로 여호와께 노래하며

성도의 모임 가운데에서 찬양할지어다

2 이스라엘은 자기를 지으신 이로 말미암아 즐거워하며
시온의 주민은 그들의 왕으로 말미암아 즐거워할지어다

3 춤 추며 그의 이름을 찬양하며
소고와 수금으로 그를 찬양할지어다

4 여호와께서는 자기 백성을 기뻐하시며
겸손한 자를 구원으로 아름답게 하심이로다

5 성도들은 영광 중에 즐거워하며
그들의 침상에서 기쁨으로 노래할지어다

6 그들의 입에는 하나님에 대한 찬양이 있고
그들의 손에는 두 날 가진 칼이 있도다

7 이것으로 뭇 나라에 보수하며 민족들을 벌하며

⁸그들의 왕들은 사슬로, 그들의 귀인은 철고랑으로 결박하고

⁹기록한 판결대로 그들에게 시행할지로다
이런 영광은 그의 모든 성도(聖徒)에게 있도다 할렐루야

150 ¹할렐루야 그의 성소에서 하나님을 찬양하며
그의 권능의 궁창에서 그를 찬양할지어다

²그의 능하신 행동(行動)을 찬양하며
그의 지극히 위대하심을 따라 찬양할지어다

³나팔 소리로 찬양하며 비파와 수금으로 찬양할지어다

⁴소고 치며 춤 추어 찬양하며 현악과 퉁소로 찬양할지어다

⁵큰 소리 나는 제금(提琴)으로 찬양하며
높은 소리 나는 제금으로 찬양할지어다

⁶호흡이 있는 자마다 여호와를 찬양할지어다 할렐루야

God bless you~

개역개정·구약성경쓰기

17

전도서

일의 결국을 다 들었으니
하나님을 경외하고
그의 명령들을 지킬지어다
이것이 모든 사람의 본분이니라
하나님은
모든 행위와 모든 은밀한 일을
선악 간에 심판하시리라
전도서 12:13~14

레마북스
Rhema

모든 것이 헛되다

1

¹다윗의 아들 예루살렘 왕 전도자의 말씀이라

²전도자가 이르되 헛되고 헛되며 헛되고 헛되니
모든 것이 헛되도다

³해 아래에서 수고하는 모든 수고가
사람에게 무엇이 유익한가

⁴한 세대는 가고 한 세대는 오되 땅은 영원히 있도다

⁵해는 뜨고 해는 지되 그 떴던 곳으로 빨리 돌아가고

⁶바람은 남으로 불다가 북으로 돌아가며
이리 돌며 저리 돌아 바람은 그 불던 곳으로 돌아가고

⁷모든 강물은 다 바다로 흐르되 바다를 채우지 못하며
강물은 어느 곳으로 흐르든지 그리로 연하여 흐르느니라

⁸모든 만물이 피곤하다는 것을
사람이 말로 다 말할 수는 없나니

눈은 보아도 족함이 없고
귀는 들어도 가득 차지 아니하도다

⁹이미 있던 것이 후에 다시 있겠고
이미 한 일을 후에 다시 할지라
해 아래에는 새 것이 없나니

¹⁰무엇을 가리켜 이르기를
보라 이것이 새 것이라 할 것이 있으랴
우리가 있기 오래 전 세대들에도 이미 있었느니라

¹¹이전 세대들이 기억됨이 없으니
장래 세대도 그 후 세대들과 함께 기억됨이 없으리라

지혜가 많으면 번뇌도 많다

¹²나 전도자는 예루살렘에서 이스라엘 왕이 되어

¹³마음을 다하며 지혜를 써서 하늘 아래에서 행하는
모든 일을 연구하며 살핀즉 이는 괴로운 것이니
하나님이 인생들에게 주사 수고하게 하신 것이라

¹⁴내가 해 아래에서 행하는 모든 일을 보았노라
보라 모두 다 헛되어 바람을 잡으려는 것이로다

¹⁵구부러진 것도 곧게 할 수 없고
모자란 것도 셀 수 없도다

¹⁶내가 내 마음 속으로 말하여 이르기를
보라 내가 크게 되고 지혜를 더 많이 얻었으므로
나보다 먼저 예루살렘에 있던

모든 사람들보다 낫다 하였나니
내 마음이 지혜와 지식을 많이 만나 보았음이로다

¹⁷내가 다시 지혜를 알고자 하며
미친 것들과 미련한 것들을 알고자 하여 마음을 썼으나
이것도 바람을 잡으려는 것인 줄을 깨달았도다

¹⁸지혜가 많으면 번뇌도 많으니
지식을 더하는 자는 근심을 더하느니라

즐거움도 헛되다

2 ¹나는 내 마음에 이르기를
자, 내가 시험삼아 너를 즐겁게 하리니
너는 낙을 누리라 하였으나 보라 이것도 헛되도다

²내가 웃음에 관하여 말하여 이르기를

그것은 미친 것이라 하였고
희락에 대하여 이르기를
이것이 무슨 소용이 있는가 하였노라

3내가 내 마음으로 깊이 생각하기를
내가 어떻게 하여야 내 마음을 지혜로 다스리면서
술로 내 육신을 즐겁게 할까

또 내가 어떻게 하여야 천하의 인생들이
그들의 인생을 살아가는 동안

어떤 것이 선한 일인지를 알아볼 때까지
내 어리석음을 꼭 붙잡아 둘까 하여

4나의 사업을 크게 하였노라
내가 나를 위하여 집들을 짓고 포도원을 일구며

⁵여러 동산과 과원을 만들고
그 가운데에 각종 과목을 심었으며

⁶나를 위하여 수목을 기르는 삼림(森林)에
물을 주기 위하여 못들을 팠으며

⁷남녀 노비들을 사기도 하였고
나를 위하여 집에서 종들을 낳기도 하였으며

나보다 먼저 예루살렘에 있던 모든 자들보다도
내가 소와 양 떼의 소유를 더 많이 가졌으며

⁸은 금과 왕들이 소유한 보배와
여러 지방의 보배를 나를 위하여 쌓고

또 노래하는 남녀들과 인생들이 기뻐하는
처첩들을 많이 두었노라

⁹내가 이같이 창성(昌盛)하여 나보다 먼저 예루살렘에 있던
모든 자들보다 더 창성하니 내 지혜도 내게 여전하도다

¹⁰무엇이든지 내 눈이 원하는 것을
내가 금하지 아니하며

무엇이든지 내 마음이 즐거워하는 것을
내가 막지 아니하였으니

이는 나의 모든 수고를 내 마음이 기뻐하였음이라
이것이 나의 모든 수고로 말미암아 얻은 몫이로다

¹¹그 후에 내가 생각해 본즉 내 손으로 한 모든 일과
내가 수고한 모든 것이 다 헛되어 바람을 잡는 것이며
해 아래에서 무익한 것이로다

지혜자나 우매자나

¹²내가 돌이켜 지혜와 망령됨과 어리석음을 보았나니
왕 뒤에 오는 자는 무슨 일을 행할까
이미 행한 지 오래 전의 일일 뿐이리라

¹³내가 보니 지혜가 우매보다 뛰어남이
빛이 어둠보다 뛰어남 같도다

¹⁴지혜자는 그의 눈이 그의 머리 속에 있고
우매자는 어둠 속에 다니지만

그들 모두가 당하는 일이 모두 같으리라는 것을
나도 깨달아 알았도다

¹⁵내가 내 마음속으로 이르기를
우매자가 당한 것을 나도 당하리니
내게 지혜가 있었다 한들

내게 무슨 유익이 있으리요 하였도다
이어 내가 내 마음속으로 이르기를
이것도 헛되도다 하였도다

¹⁶지혜자도 우매자와 함께 영원하도록
기억함을 얻지 못하나니

후일에는 모두 다 잊어버린 지 오랠 것임이라
오호라 지혜자의 죽음이 우매자의 죽음과 일반이로다

¹⁷이러므로 내가 사는 것을 미워하였노니
이는 해 아래에서 하는 일이 내게 괴로움이요
모두 다 헛되어 바람을 잡으려는 것이기 때문이로다

수고도 헛되다
¹⁸내가 해 아래에서 내가 한 모든 수고를 미워하였노니

이는 내 뒤를 이을 이에게 남겨 주게 됨이라

¹⁹그 사람이 지혜자일지, 우매자일지야 누가 알랴마는
내가 해 아래에서 내 지혜를 다하여 수고한 모든 결과를
그가 다 관리하리니 이것도 헛되도다

²⁰이러므로 내가 해 아래에서 한 모든 수고에 대하여
내가 내 마음에 실망하였도다

²¹어떤 사람은 그 지혜와 지식과 재주를 다하여 수고하였어도
그가 얻은 것을 수고하지 아니한 자에게
그의 몫으로 넘겨 주리니 이것도 헛된 것이며 큰 악이로다

²²사람이 해 아래에서 행하는 모든 수고와
마음에 애쓰는 것이 무슨 소득이 있으랴

²³일평생에 근심하며 수고하는 것이 슬픔뿐이라

그의 마음이 밤에도 쉬지 못하나니 이것도 헛되도다

24사람이 먹고 마시며 수고하는 것보다
그의 마음을 더 기쁘게 하는 것은 없나니
내가 이것도 본즉 하나님의 손에서 나오는 것이로다

25아, 먹고 즐기는 일을 누가 나보다 더 해 보았으랴

26하나님은 그가 기뻐하시는 자에게는
지혜와 지식과 희락을 주시나

죄인에게는 노고를 주시고 그가 모아 쌓게 하사
하나님을 기뻐하는 자에게 그가 주게 하시지만
이것도 헛되어 바람을 잡는 것이로다

모든 일에 때가 있다

3

1범사에 기한이 있고 천하 만사가 다 때가 있나니

²날 때가 있고 죽을 때가 있으며
심을 때가 있고 심은 것을 뽑을 때가 있으며

³죽일 때가 있고 치료할 때가 있으며
헐 때가 있고 세울 때가 있으며

⁴울 때가 있고 웃을 때가 있으며
슬퍼할 때가 있고 춤출 때가 있으며

⁵돌을 던져 버릴 때가 있고 돌을 거둘 때가 있으며
안을 때가 있고 안는 일을 멀리 할 때가 있으며

⁶찾을 때가 있고 잃을 때가 있으며
지킬 때가 있고 버릴 때가 있으며

⁷찢을 때가 있고 꿰맬 때가 있으며
잠잠할 때가 있고 말할 때가 있으며

⁸사랑할 때가 있고 미워할 때가 있으며
전쟁할 때가 있고 평화할 때가 있느니라

⁹일하는 자가 그의 수고로 말미암아 무슨 이익이 있으랴

¹⁰하나님이 인생들에게 노고를 주사
애쓰게 하신 것을 내가 보았노라

¹¹하나님이 모든 것을 지으시되 때를 따라 아름답게 하셨고
또 사람들에게는 영원을 사모하는 마음을 주셨느니라

그러나 하나님이 하시는 일의 시종을
사람으로 측량(測量)할 수 없게 하셨도다

¹²사람들이 사는 동안에 기뻐하며 선을 행하는 것보다
더 나은 것이 없는 줄을 내가 알았고

¹³사람마다 먹고 마시는 것과

수고함으로 낙을 누리는 그것이
하나님의 선물인 줄도 또한 알았도다

---

¹⁴하나님께서 행하시는 모든 것은 영원히 있을 것이라
그 위에 더 할 수도 없고 그것에서 덜 할 수도 없나니

하나님이 이같이 행하심은 사람들이 그의 앞에서
경외하게 하려 하심인 줄을 내가 알았도다

---

¹⁵이제 있는 것이 옛적에 있었고
장래에 있을 것도 옛적에 있었나니
하나님은 이미 지난 것을 다시 찾으시느니라

---

¹⁶또 내가 해 아래에서 보건대
재판하는 곳 거기에도 악이 있고
정의를 행하는 곳 거기에도 악이 있도다

---

¹⁷내가 내 마음속으로 이르기를
의인과 악인을 하나님이 심판하시리니

이는 모든 소망하는 일과 모든 행사에
때가 있음이라 하였으며

¹⁸내가 내 마음속으로 이르기를
인생들의 일에 대하여 하나님이 그들을 시험하시리니

그들이 자기가 짐승과 다름이 없는 줄을
깨닫게 하려 하심이라 하였노라

¹⁹인생이 당하는 일을 짐승도 당하나니
그들이 당하는 일이 일반이라

다 동일한 호흡이 있어서 짐승이 죽음 같이 사람도 죽으니
사람이 짐승보다 뛰어남이 없음은 모든 것이 헛됨이로다

20다 흙으로 말미암았으므로 다 흙으로 돌아가나니
다 한 곳으로 가거니와

21인생들의 혼은 위로 올라가고
짐승의 혼은 아래 곧 땅으로 내려가는 줄을 누가 알랴

22그러므로 나는 사람이 자기 일에 즐거워하는 것보다
더 나은 것이 없음을 보았나니
이는 그것이 그의 몫이기 때문이라

아, 그의 뒤에 일어날 일이 무엇인지를 보게 하려고
그를 도로 데리고 올 자가 누구이랴

학대, 수고, 동무

4 1내가 다시 해 아래에서 행하는
모든 학대를 살펴 보았도다

보라 학대 받는 자들의 눈물이로다
그들에게 위로자(慰勞者)가 없도다

그들을 학대하는 자들의 손에는 권세가 있으나
그들에게는 위로자가 없도다

2그러므로 나는 아직 살아 있는 산 자들보다
죽은 지 오랜 죽은 자들을 더 복되다 하였으며

3이 둘보다도 아직 출생하지 아니하여
해 아래에서 행하는 악한 일을 보지 못한 자가
더 복되다 하였노라

4내가 또 본즉 사람이 모든 수고와
모든 재주로 말미암아 이웃에게 시기를 받으니
이것도 헛되어 바람을 잡는 것이로다

⁵우매자는 팔짱을 끼고 있으면서 자기의 몸만 축내는도다

⁶두 손에 가득하고 수고하며 바람을 잡는 것보다
한 손에만 가득하고 평온함이 더 나으니라

⁷내가 또 다시 해 아래에서 헛된 것을 보았도다

⁸어떤 사람은 아들도 없고 형제도 없이 홀로 있으나
그의 모든 수고에는 끝이 없도다

또 비록 그의 눈은 부요를 족하게 여기지 아니하면서
이르기를 내가 누구를 위하여는 이같이 수고하고

나를 위하여는 행복을 누리지 못하게 하는가 하여도
이것도 헛되어 불행한 노고로다

⁹두 사람이 한 사람보다 나음은
그들이 수고함으로 좋은 상을 얻을 것임이라

¹⁰혹시 그들이 넘어지면
하나가 그 동무를 붙들어 일으키려니와

홀로 있어 넘어지고 붙들어 일으킬 자가 없는 자에게는
화가 있으리라

¹¹또 두 사람이 함께 누우면 따뜻하거니와
한 사람이면 어찌 따뜻하랴

¹²한 사람이면 패하겠거니와 두 사람이면 맞설 수 있나니
세 겹 줄은 쉽게 끊어지지 아니하느니라

가난하게 태어나서 왕이 되어도
¹³가난하여도 지혜로운 젊은이가
늙고 둔하여 경고를 더 받을 줄 모르는 왕보다 나으니

¹⁴그는 자기의 나라에서 가난하게 태어났을지라도

감옥에서 나와 왕이 되었음이니라

15내가 본즉 해 아래에서 다니는 인생들이
왕의 다음 자리에 있다가
왕을 대신하여 일어난 젊은이와 함께 있고

16그의 치리(治理)를 받는 모든 백성들이 무수하였을지라도
후에 오는 자들은 그를 기뻐하지 아니하리니
이것도 헛되어 바람을 잡는 것이로다

하나님을 경외하라

5

1너는 하나님의 집에 들어갈 때에 네 발을 삼갈지어다
가까이 하여 말씀을 듣는 것이

우매한 자들이 제물 드리는 것보다 나으니
그들은 악을 행하면서도 깨닫지 못함이니라

2너는 하나님 앞에서 함부로 입을 열지 말며
급한 마음으로 말을 내지 말라

하나님은 하늘에 계시고 너는 땅에 있음이니라
그런즉 마땅히 말을 적게 할 것이라

3걱정이 많으면 꿈이 생기고
말이 많으면 우매한 자의 소리가 나타나느니라

4네가 하나님께 서원(誓願)하였거든
갚기를 더디게 하지 말라

하나님은 우매한 자들을 기뻐하지 아니하시나니
서원한 것을 갚으라

5서원하고 갚지 아니하는 것보다
서원하지 아니하는 것이 더 나으니

⁶네 입으로 네 육체가 범죄하게 하지 말라
사자 앞에서 내가 서원한 것이 실수라고 말하지 말라

어찌 하나님께서 네 목소리로 말미암아 진노하사
네 손으로 한 것을 멸하시게 하랴

⁷꿈이 많으면 헛된 일들이 많아지고
말이 많아도 그러하니 오직 너는 하나님을 경외할지니라

⁸너는 어느 지방에서든지 빈민을 학대하는 것과
정의와 공의를 짓밟는 것을 볼지라도
그것을 이상히 여기지 말라

높은 자는 더 높은 자가 감찰하고
또 그들보다 더 높은 자들도 있음이니라

⁹땅의 소산물은 모든 사람을 위하여 있나니

왕도 밭의 소산을 받느니라

재물과 부요와 존귀도 헛되다

10 은을 사랑하는 자는 은으로 만족하지 못하고
풍요를 사랑하는 자는 소득으로 만족하지 아니하나니
이것도 헛되도다

11 재산이 많아지면 먹는 자들도 많아지나니
그 소유주들은 눈으로 보는 것 외에 무엇이 유익하랴

12 노동자는 먹는 것이 많든지 적든지 잠을 달게 자거니와
부자는 그 부요함 때문에 자지 못하느니라

13 내가 해 아래에서 큰 폐단 되는 일이 있는 것을 보았나니
곧 소유주가 재물을 자기에게 해가 되도록 소유하는 것이라

14 그 재물이 재난(災難)을 당할 때 없어지나니

비록 아들은 낳았으나 그 손에 아무것도 없느니라

15 그가 모태에서 벌거벗고 나왔은즉
그가 나온 대로 돌아가고 수고하여 얻은 것을
아무것도 자기 손에 가지고 가지 못하리니

16 이것도 큰 불행이라 어떻게 왔든지 그대로 가리니
바람을 잡는 수고가 그에게 무엇이 유익하랴

17 일평생을 어두운 데에서 먹으며
많은 근심과 질병과 분노가 그에게 있느니라

18 사람이 하나님께서 그에게 주신 바
그 일평생에 먹고 마시며 해 아래에서 하는

모든 수고 중에서 낙을 보는 것이
선하고 아름다움을 내가 보았나니 그것이 그의 몫이로다

¹⁹또한 어떤 사람에게든지 하나님이 재물과 부요를
그에게 주사 능히 누리게 하시며

제 몫을 받아 수고함으로 즐거워하게 하신 것은
하나님의 선물이라

²⁰그는 자기의 생명의 날을 깊이 생각하지 아니하리니
이는 하나님이 그의 마음에 기뻐하는 것으로 응답하심이니라

6 ¹내가 해 아래에서 한 가지
불행한 일이 있는 것을 보았나니
이는 사람의 마음을 무겁게 하는 것이라

²어떤 사람은 그의 영혼이 바라는 모든 소원에
부족함이 없어 재물과 부요와 존귀를 하나님께 받았으나
하나님께서 그가 그것을 누리도록 허락하지 아니하셨으므로

다른 사람이 누리나니 이것도 헛되어 악한 병이로다

3 사람이 비록 백 명의 자녀를 낳고
또 장수하여 사는 날이 많을지라도
그의 영혼은 그러한 행복으로 만족하지 못하고

또 그가 안장되지 못하면 나는 이르기를
낙태된 자가 그보다는 낫다 하나니

4 낙태된 자는 헛되이 왔다가 어두운 중에 가매
그의 이름이 어둠에 덮이니

5 햇빛도 보지 못하고 또 그것을 알지도 못하나
이가 그보다 더 평안함이라

6 그가 비록 천 년의 갑절을 산다 할지라도
행복을 보지 못하면

마침내 다 한 곳으로 돌아가는 것뿐이 아니냐

7 사람의 수고는 다 자기의 입을 위함이나
그 식욕은 채울 수 없느니라

8 지혜자가 우매자보다 나은 것이 무엇이냐
살아 있는 자들 앞에서 행할 줄을 아는
가난한 자에게는 무슨 유익이 있는가

9 눈으로 보는 것이 마음으로 공상하는 것보다 나으나
이것도 헛되어 바람을 잡는 것이로다

10 이미 있는 것은 무엇이든지 오래 전부터
그의 이름이 이미 불린 바 되었으며

사람이 무엇인지도 이미 안 바 되었나니
자기보다 강한 자와는 능히 다툴 수 없느니라

¹¹헛된 것을 더하게 하는 많은 일들이 있나니
그것들이 사람에게 무슨 유익이 있으랴

¹²헛된 생명의 모든 날을 그림자 같이 보내는 일평생에
사람에게 무엇이 낙인지를 누가 알며

그 후에 해 아래에서 무슨 일이 있을 것을
누가 능히 그에게 고하리요

지혜자와 우매한 자

7 ¹좋은 이름이 좋은 기름보다 낫고
죽는 날이 출생하는 날보다 나으며

²초상집에 가는 것이 잔칫집에 가는 것보다 나으니
모든 사람의 끝이 이와 같이 됨이라
산 자는 이것을 그의 마음에 둘지어다

³슬픔이 웃음보다 나음은
얼굴에 근심하는 것이 마음에 유익하기 때문이니라

⁴지혜자의 마음은 초상집에 있으되
우매한 자의 마음은 혼인집에 있느니라

⁵지혜로운 사람의 책망을 듣는 것이
우매한 자들의 노래를 듣는 것보다 나으니라

⁶우매한 자들의 웃음 소리는
솥 밑에서 가시나무가 타는 소리 같으니
이것도 헛되니라

⁷탐욕이 지혜자를 우매하게 하고
뇌물이 사람의 명철을 망하게 하느니라

⁸일의 끝이 시작보다 낫고

참는 마음이 교만한 마음보다 나으니

⁹ 급한 마음으로 노를 발하지 말라
노는 우매한 자들의 품에 머무름이니라

¹⁰ 옛날이 오늘보다 나은 것이 어찜이냐 하지 말라
이렇게 묻는 것은 지혜가 아니니라

¹¹ 지혜는 유산 같이 아름답고
햇빛을 보는 자에게 유익이 되도다

¹² 지혜의 그늘 아래에 있음은
돈의 그늘 아래에 있음과 같으나,

지혜에 관한 지식이 더 유익함은
지혜가 그 지혜 있는 자를 살리기 때문이니라

¹³ 하나님께서 행하시는 일을 보라

하나님께서 굽게 하신 것을 누가 능히 곧게 하겠느냐

14형통한 날에는 기뻐하고 곤고한 날에는 되돌아 보아라
이 두 가지를 하나님이 병행하게 하사

사람이 그의 장래 일을 능히 헤아려
알지 못하게 하셨느니라

15내 허무한 날을 사는 동안
내가 그 모든 일을 살펴 보았더니

자기의 의로움에도 불구하고 멸망하는 의인이 있고
자기의 악행에도 불구하고 장수하는 악인이 있으니

16지나치게 의인이 되지도 말며
지나치게 지혜자도 되지 말라
어찌하여 스스로 패망하게 하겠느냐

¹⁷지나치게 악인이 되지도 말며
지나치게 우매한 자도 되지 말라
어찌하여 기한 전에 죽으려고 하느냐

¹⁸너는 이것도 잡으며 저것에서도
네 손을 놓지 아니하는 것이 좋으니
하나님을 경외하는 자는 이 모든 일에서 벗어날 것임이니라

¹⁹지혜가 지혜자를 성읍 가운데에 있는
열 명의 권력자들보다 더 능력이 있게 하느니라

²⁰선을 행하고 전혀 죄를 범하지 아니하는 의인은
세상에 없기 때문이로다

²¹또한 사람들이 하는 모든 말에 네 마음을 두지 말라
그리하면 네 종이 너를 저주하는 것을 듣지 아니하리라

²²너도 가끔 사람을 저주하였다는 것을
네 마음도 알고 있느니라

²³내가 이 모든 것을 지혜로 시험하며
스스로 이르기를 내가 지혜자가 되리라 하였으나
지혜가 나를 멀리 하였도다

²⁴이미 있는 것은 멀고 또 깊고 깊도다
누가 능히 통달하랴

²⁵내가 돌이켜 전심으로 지혜와 명철을 살피고 연구하여
악한 것이 얼마나 어리석은 것이요
어리석은 것이 얼마나 미친 것인 줄을 알고자 하였더니

²⁶마음은 올무와 그물 같고 손은 포승 같은 여인은
사망보다 더 쓰다는 사실을 내가 알아내었도다

그러므로 하나님을 기쁘게 하는 자는 그 여인을 피하려니와
죄인은 그 여인에게 붙잡히리로다

27전도자가 이르되 보라 내가 낱낱이 살펴
그 이치를 연구하여 이것을 깨달았노라

28내 마음이 계속 찾아 보았으나
아직도 찾지 못한 것이 이것이라

천 사람 가운데서 한 사람을 내가 찾았으나
이 모든 사람들 중에서 여자는
한 사람도 찾지 못하였느니라

29내가 깨달은 것은 오직 이것이라
곧 하나님은 사람을 정직하게 지으셨으나
사람이 많은 꾀들을 낸 것이니라

8 ¹누가 지혜자와 같으며
누가 사물의 이치를 아는 자이냐

사람의 지혜는 그의 얼굴에 광채가 나게 하나니
그의 얼굴의 사나운 것이 변하느니라

²내가 권하노라 왕의 명령을 지키라
이미 하나님을 가리켜 맹세하였음이니라

³왕 앞에서 물러가기를 급하게 하지 말며
악한 것을 일삼지 말라
왕은 자기가 하고자 하는 것을 다 행함이니라

⁴왕의 말은 권능이 있나니 누가 그에게 이르기를
왕께서 무엇을 하시나이까 할 수 있으랴

⁵명령(命令)을 지키는 자는 불행을 알지 못하리라

지혜자의 마음은 때와 판단을 분변(分辨)하나니

6무슨 일에든지 때와 판단이 있으므로
사람에게 임하는 화가 심함이니라

7사람이 장래 일을 알지 못하나니
장래 일을 가르칠 자가 누구이랴

8바람을 주장하여 바람을 움직이게 할 사람도 없고
죽는 날을 주장할 사람도 없으며

전쟁할 때를 모면할 사람도 없으니
악이 그의 주민들을 건져낼 수는 없느니라

악인들과 의인들

9내가 이 모든 것들을 보고
해 아래에서 행하는 모든 일을 마음에 두고 살핀즉

사람이 사람을 주장하여 해롭게 하는 때가 있도다

10 그런 후에 내가 본즉 악인들은 장사지낸 바 되어
거룩한 곳을 떠나 그들이 그렇게 행한 성읍 안에서
잊어버린 바 되었으니 이것도 헛되도다

11 악한 일에 관한 징벌이 속히 실행되지 아니하므로
인생들이 악을 행하는 데에 마음이 담대하도다

12 죄인은 백 번이나 악을 행하고도 장수하거니와
또한 내가 아노니 하나님을 경외하여
그를 경외하는 자들은 잘 될 것이요

13 악인은 잘 되지 못하며 장수하지 못하고
그 날이 그림자와 같으리니
이는 하나님을 경외하지 아니함이니라

¹⁴세상에서 행해지는 헛된 일이 있나니
곧 악인들의 행위에 따라 벌을 받는 의인들도 있고

의인들의 행위에 따라 상을 받는 악인들도 있다는 것이라
내가 이르노니 이것도 헛되도다

¹⁵이에 내가 희락을 찬양하노니
이는 사람이 먹고 마시고 즐거워하는 것보다
더 나은 것이 해 아래에는 없음이라

하나님이 사람을 해 아래에서 살게 하신 날 동안
수고하는 일 중에 그러한 일이 그와 함께 있을 것이니라

¹⁶내가 마음을 다하여 지혜를 알고자 하며
세상에서 행해지는 일을 보았는데
밤낮으로 자지 못하는 자도 있도다

¹⁷또 내가 하나님의 모든 행사를 살펴 보니
해 아래에서 행해지는 일을 사람이 능히 알아낼 수 없도다

사람이 아무리 애써 알아보려고 할지라도
능히 알지 못하나니 비록 지혜자가 아노라 할지라도
능히 알아내지 못하리로다

모두 다 하나님의 손 안에 있다

9 ¹이 모든 것을 내가 마음에 두고
이 모든 것을 살펴 본즉

의인들이나 지혜자들이나 그들의 행위나
모두 다 하나님의 손 안에 있으니

사랑을 받을는지 미움을 받을는지
사람이 알지 못하는 것은

모두 그들의 미래의 일들임이니라

²모든 사람에게 임하는 그 모든 것이 일반이라
의인과 악인, 선한 자와 깨끗한 자와 깨끗하지 아니한 자,

제사를 드리는 자와 제사를 드리지 아니하는 자에게
일어나는 일들이 모두 일반이니

선인과 죄인, 맹세하는 자와 맹세하기를 무서워하는 자가
일반이로다

³모든 사람의 결국은 일반이라
이것은 해 아래에서 행해지는 모든 일 중의 악한 것이니

곧 인생의 마음에는 악이 가득하여
그들의 평생에 미친 마음을 품고 있다가

후에는 죽은 자들에게로 돌아가는 것이라

⁴모든 산 자들 중에 들어 있는 자에게는
누구나 소망이 있음은
산 개가 죽은 사자보다 낫기 때문이니라

⁵산 자들은 죽을 줄을 알되 죽은 자들은 아무것도 모르며
그들이 다시는 상을 받지 못하는 것은
그들의 이름이 잊어버린 바 됨이니라

⁶그들의 사랑과 미움과 시기도 없어진 지 오래이니
해 아래에서 행하는 모든 일 중에서
그들에게 돌아갈 몫은 영원히 없느니라

⁷너는 가서 기쁨으로 네 음식물을 먹고
즐거운 마음으로 네 포도주를 마실지어다
이는 하나님이 네가 하는 일들을

벌써 기쁘게 받으셨음이니라

⁸네 의복을 항상 희게 하며
네 머리에 향 기름을 그치지 아니하도록 할지니라

⁹네 헛된 평생의 모든 날
곧 하나님이 해 아래에서 네게 주신 모든 헛된 날에
네가 사랑하는 아내와 함께 즐겁게 살지어다

그것이 네가 평생에 해 아래에서 수고하고
얻은 네 몫이니라

¹⁰네 손이 일을 얻는 대로 힘을 다하여 할지어다
네가 장차 들어갈 스올에는 일도 없고 계획도 없고
지식도 없고 지혜도 없음이니라

¹¹내가 다시 해 아래에서 보니

빠른 경주자들이라고 선착하는 것이 아니며
용사들이라고 전쟁에 승리하는 것이 아니며

지혜자들이라고 음식물을 얻는 것도 아니며
명철자들이라고 재물을 얻는 것도 아니며

지식인들이라고 은총을 입는 것이 아니니
이는 시기와 기회는 그들 모두에게 임함이니라

¹²분명히 사람은 자기의 시기도 알지 못하나니
물고기들이 재난의 그물에 걸리고 새들이 올무에 걸림 같이

인생들도 재앙의 날이 그들에게 홀연히 임하면
거기에 걸리느니라

지혜를 보고 크게 여긴 것
¹³내가 또 해 아래에서 지혜를 보고

내가 크게 여긴 것이 이러하니

14 곧 작고 인구가 많지 아니한 어떤 성읍에 큰 왕이 와서
그것을 에워싸고 큰 흉벽을 쌓고 치고자 할 때에

15 그 성읍 가운데에 가난한 지혜자가 있어서
그의 지혜로 그 성읍을 건진 그것이라
그러나 그 가난한 자를 기억하는 사람이 없었도다

16 그러므로 내가 이르기를 지혜가 힘보다 나으나
가난한 자의 지혜가 멸시를 받고
그의 말들을 사람들이 듣지 아니한다 하였노라

17 조용히 들리는 지혜자들의 말들이
우매한 자들을 다스리는 자의 호령보다 나으니라

18 지혜가 무기보다 나으니라

그러나 죄인 한 사람이 많은 선을 무너지게 하느니라

10
1 죽은 파리들이 향기름을 악취가 나게 만드는 것 같이
적은 우매가 지혜와 존귀를 난처하게 만드느니라

2 지혜자의 마음은 오른쪽에 있고
우매자의 마음은 왼쪽에 있느니라

3 우매한 자는 길을 갈 때에도 지혜가 부족하여
각 사람에게 자기가 우매함을 말하느니라

4 주권자가 네게 분을 일으키거든
너는 네 자리를 떠나지 말라
공손함이 큰 허물을 용서 받게 하느니라

5 내가 해 아래에서 한 가지 재난을 보았노니
곧 주권자에게서 나오는 허물이라

⁶우매한 자가 크게 높은 지위들을 얻고
부자들이 낮은 지위에 앉는도다

⁷또 내가 보았노니 종들은 말을 타고
고관들은 종들처럼 땅에 걸어 다니는도다

⁸함정을 파는 자는 거기에 빠질 것이요
담을 허는 자는 뱀에게 물리리라

⁹돌들을 떠내는 자는 그로 말미암아 상할 것이요
나무들을 쪼개는 자는 그로 말미암아 위험을 당하리라

¹⁰철 연장이 무디어졌는데도 날을 갈지 아니하면
힘이 더 드느니라 오직 지혜는 성공하기에 유익하니라

¹¹주술을 베풀기 전에 뱀에게 물렸으면
술객은 소용이 없느니라

¹²지혜자의 입의 말들은 은혜로우나
우매자의 입술들은 자기를 삼키나니

¹³그의 입의 말들의 시작은 우매요
그의 입의 결말들은 심히 미친 것이니라

¹⁴우매한 자는 말을 많이 하거니와
사람은 장래 일을 알지 못하나니
나중에 일어날 일을 누가 그에게 알리리요

¹⁵우매한 자들의 수고는 자신을 피곤하게 할 뿐이라
그들은 성읍에 들어갈 줄도 알지 못함이니라

¹⁶왕은 어리고 대신들은 아침부터 잔치하는 나라여
네게 화가 있도다

¹⁷왕은 귀족들의 아들이요 대신들은 취하지 아니하고

기력(氣力)을 보하려고 정한 때에 먹는 나라여
네게 복이 있도다

18게으른즉 서까래가 내려앉고 손을 놓은즉 집이 새느니라

19잔치는 희락을 위하여 베푸는 것이요
포도주는 생명을 기쁘게 하는 것이나
돈은 범사(凡事)에 이용되느니라

20심중에라도 왕을 저주하지 말며
침실에서라도 부자를 저주하지 말라

공중의 새가 그 소리를 전하고
날짐승이 그 일을 전파할 것임이니라

지혜로운 삶

11

1너는 네 떡을 물 위에 던져라

여러 날 후에 도로 찾으리라

²일곱에게나 여덟에게 나눠 줄지어다
무슨 재앙이 땅에 임할는지 네가 알지 못함이니라

³구름에 비가 가득하면 땅에 쏟아지며
나무가 남으로나 북으로나 쓰러지면
그 쓰러진 곳에 그냥 있으리라

⁴풍세를 살펴보는 자는 파종하지 못할 것이요
구름만 바라보는 자는 거두지 못하리라

⁵바람의 길이 어떠함과 아이 밴 자의 태에서
뼈가 어떻게 자라는지를 네가 알지 못함 같이
만사를 성취하시는 하나님의 일을 네가 알지 못하느니라

⁶너는 아침에 씨를 뿌리고 저녁에도 손을 놓지 말라

이것이 잘 되는지, 저것이 잘 되는지,
혹 둘이 다 잘 되는지 알지 못함이니라

7빛은 실로 아름다운 것이라
눈으로 해를 보는 것이 즐거운 일이로다

8사람이 여러 해를 살면 항상 즐거워할지로다
그러나 캄캄한 날들이 많으리니 그 날들을 생각할지로다
다가올 일은 다 헛되도다

젊은이에게 주는 교훈

9청년이여 네 어린 때를 즐거워하며
네 청년의 날들을 마음에 기뻐하여

마음에 원하는 길들과 네 눈이 보는 대로 행하라
그러나 하나님이 이 모든 일로 말미암아

너를 심판하실 줄 알라

¹⁰그런즉 근심이 네 마음에서 떠나게 하며
악이 네 몸에서 물러가게 하라
어릴 때와 검은 머리의 시절이 다 헛되니라

12 ¹너는 청년의 때에 너의 창조주를 기억하라
곧 곤고한 날이 이르기 전에,
나는 아무 낙이 없다고 할 해들이 가깝기 전에

²해와 빛과 달과 별들이 어둡기 전에,
비 뒤에 구름이 다시 일어나기 전에 그리하라

³그런 날에는 집을 지키는 자들이 떨 것이며
힘 있는 자들이 구부러질 것이며
맷돌질 하는 자들이 적으므로 그칠 것이며

창들로 내다 보는 자가 어두워질 것이며

4길거리 문들이 닫혀질 것이며 맷돌 소리가 적어질 것이며
새의 소리로 말미암아 일어날 것이며
음악하는 여자들은 다 쇠하여질 것이며

5또한 그런 자들은 높은 곳을 두려워할 것이며
길에서는 놀랄 것이며 살구나무가 꽃이 필 것이며

메뚜기도 짐이 될 것이며 정욕이 그치리니
이는 사람이 자기의 영원한 집으로 돌아가고
조문객들이 거리로 왕래하게 됨이니라

6은 줄이 풀리고 금 그릇이 깨지고
항아리가 샘 곁에서 깨지고 바퀴가 우물 위에서 깨지고

7흙은 여전히 땅으로 돌아가고

영은 그것을 주신 하나님께로 돌아가기 전에 기억하라

8전도자가 이르되 헛되고 헛되도다 모든 것이 헛되도다

사람의 본분

9전도자는 지혜자이어서 여전히 백성에게 지식을 가르쳤고
또 깊이 생각하고 연구하여 잠언을 많이 지었으며

10전도자는 힘써 아름다운 말들을 구하였나니
진리의 말씀들을 정직하게 기록하였느니라

11지혜자들의 말씀들은 찌르는 채찍들 같고
회중의 스승들의 말씀들은 잘 박힌 못 같으니
다 한 목자(牧者)가 주신 바이니라

12내 아들아 또 이것들로부터 경계를 받으라
많은 책들을 짓는 것은 끝이 없고

많이 공부하는 것은 몸을 피곤하게 하느니라

¹³일의 결국을 다 들었으니
하나님을 경외하고 그의 명령들을 지킬지어다
이것이 모든 사람의 본분이니라

¹⁴하나님은 모든 행위와 모든 은밀한 일을
선악 간에 심판하시리라

God bless you~

아가

너는 나를 도장 같이 마음에 품고
도장 같이 팔에 두라
사랑은 죽음 같이 강하고
질투는 스올 같이 잔인하며
불길 같이 일어나니
그 기세가 여호와의 불과 같으니라
_아가 8:6_

레마북스
Rhema스

1 ¹솔로몬의 아가라

²내게 입맞추기를 원하니
네 사랑이 포도주보다 나음이로구나

³네 기름이 향기로워 아름답고
네 이름이 쏟은 향기름 같으므로
처녀들이 너를 사랑하는구나

⁴왕이 나를 그의 방으로 이끌어 들이시니
너는 나를 인도하라 우리가 너를 따라 달려가리라

우리가 너로 말미암아 기뻐하며 즐거워하니
네 사랑이 포도주보다 더 진함이라
처녀들이 너를 사랑함이 마땅하니라

⁵예루살렘 딸들아 내가 비록 검으나 아름다우니

게달의 장막 같을지라도 솔로몬의 휘장과도 같구나

6내가 햇볕에 쬐어서 거무스름할지라도 흘겨보지 말 것은
내 어머니의 아들들이 나에게 노하여

포도원지기로 삼았음이라
나의 포도원을 내가 지키지 못하였구나

7내 마음으로 사랑하는 자야
네가 양 치는 곳과 정오에 쉬게 하는 곳을 내게 말하라

내가 네 친구의 양 떼 곁에서
어찌 얼굴을 가린 자 같이 되랴

8여인 중에 어여쁜 자야 네가 알지 못하겠거든
양 떼의 발자취를 따라 목자들의 장막 곁에서
너의 염소 새끼를 먹일지니라

⁹내 사랑아 내가 너를 바로의 병거의 준마에 비하였구나

¹⁰네 두 뺨은 땋은 머리털로,
네 목은 구슬 꿰미로 아름답구나

¹¹우리가 너를 위하여 금 사슬에 은을 박아 만들리라

¹²왕이 침상에 앉았을 때에
나의 나도 기름이 향기를 뿜어냈구나

¹³나의 사랑하는 자는 내 품 가운데 몰약 향주머니요

¹⁴나의 사랑하는 자는 내게 엔게디 포도원의 고벨화 송이로구나

¹⁵내 사랑아 너는 어여쁘고 어여쁘다 네 눈이 비둘기 같구나

¹⁶나의 사랑하는 자야 너는 어여쁘고 화창하다
우리의 침상은 푸르고

¹⁷우리 집은 백향목 들보, 잣나무 서까래로구나

2

¹나는 사론의 수선화요 골짜기의 백합화로다

²여자들 중에 내 사랑은
가시나무 가운데 백합화(白合花) 같도다

³남자들 중에 나의 사랑하는 자는
수풀 가운데 사과나무 같구나

내가 그 그늘에 앉아서 심히 기뻐하였고
그 열매는 내 입에 달았도다

⁴그가 나를 인도하여 잔칫집에 들어갔으니
그 사랑은 내 위에 깃발이로구나

⁵너희는 건포도로 내 힘을 돕고 사과로 나를 시원하게 하라
내가 사랑하므로 병이 생겼음이라

⁶그가 왼팔로 내 머리를 고이고 오른팔로 나를 안는구나

7 예루살렘 딸들아
내가 노루와 들사슴을 두고 너희에게 부탁한다
내 사랑이 원하기 전에는 흔들지 말고 깨우지 말지니라

8 내 사랑하는 자의 목소리로구나 보라
그가 산에서 달리고 작은 산을 빨리 넘어오는구나

9 내 사랑하는 자는 노루와도 같고 어린 사슴과도 같아서
우리 벽 뒤에 서서 창으로 들여다보며
창살 틈으로 엿보는구나

10 나의 사랑하는 자가 내게 말하여 이르기를
나의 사랑, 내 어여쁜 자야 일어나서 함께 가자

11 겨울도 지나고 비도 그쳤고

12 지면에는 꽃이 피고 새가 노래할 때가 이르렀는데

비둘기의 소리가 우리 땅에 들리는구나

---

¹³무화과(無花果)나무에는 푸른 열매가 익었고
포도나무는 꽃을 피워 향기를 토하는구나
나의 사랑, 나의 어여쁜 자야 일어나서 함께 가자

---

¹⁴바위 틈 낭떠러지 은밀한 곳에 있는 나의 비둘기야
내가 네 얼굴을 보게 하라 네 소리를 듣게 하라
네 소리는 부드럽고 네 얼굴은 아름답구나

---

¹⁵우리를 위하여 여우 곧 포도원을 허는 작은 여우를 잡으라
우리의 포도원에 꽃이 피었음이라

---

¹⁶내 사랑하는 자는 내게 속하였고 나는 그에게 속하였도다
그가 백합화 가운데에서 양 떼를 먹이는구나

---

¹⁷내 사랑하는 자야

날이 저물고 그림자가 사라지기 전에 돌아와서
베데르 산의 노루와 어린 사슴 같을지라

---

3 [1]내가 밤에 침상에서 마음으로 사랑하는 자를 찾았노라
찾아도 찾아내지 못하였노라

---

[2]이에 내가 일어나서 성 안을 돌아다니며
마음에 사랑하는 자를 거리에서나 큰 길에서나 찾으리라
하고 찾으나 만나지 못하였노라

---

[3]성 안을 순찰하는 자들을 만나서 묻기를
내 마음으로 사랑하는 자를 너희가 보았느냐 하고

---

[4]그들을 지나치자마자 마음에 사랑하는 자를 만나서
그를 붙잡고 내 어머니 집으로,
나를 잉태한 이의 방으로 가기까지 놓지 아니하였노라

5예루살렘 딸들아
내가 노루와 들사슴을 두고 너희에게 부탁한다
사랑하는 자가 원하기 전에는 흔들지 말고 깨우지 말지니라

6몰약과 유향과 상인의 여러 가지 향품으로 향내 풍기며
연기 기둥처럼 거친 들에서 오는 자가 누구인가

7볼지어다 솔로몬의 가마라
이스라엘 용사 중 육십 명이 둘러쌌는데

8다 칼을 잡고 싸움에 익숙한 사람들이라
밤의 두려움으로 말미암아 각기 허리에 칼을 찼느니라

9솔로몬 왕이 레바논 나무로 자기의 가마를 만들었는데

10그 기둥은 은이요 바닥은 금이요 자리는 자색 깔개라
그 안에는 예루살렘 딸들의 사랑이 엮어져 있구나

¹¹시온의 딸들아 나와서 솔로몬 왕을 보라
혼인(婚姻)날 마음이 기쁠 때에
그의 어머니가 씌운 왕관이 그 머리에 있구나

4 ¹내 사랑 너는 어여쁘고도 어여쁘다
너울 속에 있는 네 눈이 비둘기 같고
네 머리털은 길르앗 산 기슭에 누운 염소 떼 같구나

²네 이는 목욕장에서 나오는 털 깎인 암양
곧 새끼 없는 것은 하나도 없이
각각 쌍태를 낳은 양 같구나

³네 입술은 홍색 실 같고 네 입은 어여쁘고
너울 속의 네 뺨은 석류 한 쪽 같구나

⁴네 목은 무기를 두려고 건축한 다윗의 망대

곧 방패 천 개, 용사의 모든 방패가 달린 망대 같고

5네 두 유방은 백합화 가운데서 꿀을 먹는
쌍태 어린 사슴 같구나

6날이 저물고 그림자가 사라지기 전에
내가 몰약 산과 유향의 작은 산으로 가리라

7나의 사랑 너는 어여쁘고 아무 흠이 없구나

8내 신부야 너는 레바논에서부터 나와 함께 하고
레바논에서부터 나와 함께 가자

아마나와 스닐과 헤르몬 꼭대기에서
사자 굴과 표범 산에서 내려오너라

9내 누이, 내 신부야 네가 내 마음을 빼앗았구나
네 눈으로 한 번 보는 것과 네 목의 구슬 한 꿰미로

내 마음을 빼앗았구나

10내 누이, 내 신부야 네 사랑이 어찌 그리 아름다운지
  네 사랑은 포도주보다 진하고
  네 기름의 향기는 각양 향품보다 향기롭구나

11내 신부야 네 입술에서는 꿀 방울이 떨어지고
  네 혀 밑에는 꿀과 젖이 있고
  네 의복의 향기는 레바논의 향기 같구나

12내 누이, 내 신부는 잠근 동산이요
  덮은 우물이요 봉한 샘이로구나

13네게서 나는 것은 석류나무와
  각종 아름다운 과수(果樹)와 고벨화와 나도풀과

14나도와 번홍화와 창포와 계수와

각종 유향목과 몰약과 침향과 모든 귀한 향품이요

15너는 동산의 샘이요 생수의 우물이요
레바논에서부터 흐르는 시내로구나

16북풍아 일어나라 남풍아 오라
나의 동산에 불어서 향기를 날리라

나의 사랑하는 자가 그 동산에 들어가서
그 아름다운 열매 먹기를 원하노라

5 1내 누이, 내 신부야 내가 내 동산에 들어와서
나의 몰약과 향 재료를 거두고

나의 꿀송이와 꿀을 먹고
내 포도주와 내 우유를 마셨으니
나의 친구들아 먹으라

나의 사랑하는 사람들아 많이 마시라

2내가 잘지라도 마음은 깨었는데
나의 사랑하는 자의 소리가 들리는구나

문을 두드려 이르기를 나의 누이, 나의 사랑,
나의 비둘기, 나의 완전한 자야 문을 열어 다오

내 머리에는 이슬이,
내 머리털에는 밤이슬이 가득하였다 하는구나

3내가 옷을 벗었으니 어찌 다시 입겠으며
내가 발을 씻었으니 어찌 다시 더럽히랴마는

4내 사랑하는 자가 문틈으로 손을 들이밀매
내 마음이 움직여서

5일어나 내 사랑하는 자를 위하여 문을 열 때

몰약이 내 손에서, 몰약의 즙이 내 손가락에서
문빗장에 떨어지는구나

⁶내가 내 사랑하는 자를 위하여 문을 열었으나
그는 벌써 물러갔네 그가 말할 때에 내 혼이 나갔구나
내가 그를 찾아도 못 만났고 불러도 응답이 없었노라

⁷성 안을 순찰하는 자들이 나를 만나매
나를 쳐서 상하게 하였고
성벽을 파수하는 자들이 나의 겉옷을 벗겨 가졌도다

⁸예루살렘 딸들아 너희에게 내가 부탁(付託)한다
너희가 내 사랑하는 자를 만나거든
내가 사랑하므로 병이 났다고 하려무나

⁹여자들 가운데에 어여쁜 자야

너의 사랑하는 자가 남의 사랑하는 자보다
나은 것이 무엇인가

너의 사랑하는 자가 남의 사랑하는 자보다
나은 것이 무엇이기에 이같이 우리에게 부탁하는가

[10] 내 사랑하는 자는 희고도 붉어
많은 사람 가운데에 뛰어나구나

[11] 머리는 순금 같고 머리털은 고불고불하고
까마귀 같이 검구나

[12] 눈은 시냇가의 비둘기 같은데
우유로 씻은 듯하고 아름답게도 박혔구나

[13] 뺨은 향기로운 꽃밭 같고 향기로운 풀언덕과도 같고
입술은 백합화 같고 몰약의 즙이 뚝뚝 떨어지는구나

14손은 황옥을 물린 황금 노리개 같고
몸은 아로새긴 상아에 청옥을 입힌 듯하구나

15다리는 순금 받침에 세운 화반석 기둥 같고
생김새는 레바논 같으며 백향목처럼 보기 좋고

16입은 심히 달콤하니 그 전체가 사랑스럽구나
예루살렘 딸들아 이는 내 사랑하는 자요 나의 친구로다

6 1여자들 가운데에서 어여쁜 자야
네 사랑하는 자가 어디로 갔는가

네 사랑하는 자가 어디로 돌아갔는가
우리가 너와 함께 찾으리라

2내 사랑하는 자가 자기 동산으로 내려가
향기로운 꽃밭에 이르러서

동산 가운데에서 양 떼를 먹이며 백합화를 꺾는구나

3 나는 내 사랑하는 자에게 속하였고
내 사랑하는 자는 내게 속하였으며
그가 백합화 가운데에서 그 양 떼를 먹이는도다

4 내 사랑아 너는 디르사 같이 어여쁘고,
예루살렘 같이 곱고, 깃발을 세운 군대 같이 당당하구나

5 네 눈이 나를 놀라게 하니 돌이켜 나를 보지 말라
네 머리털은 길르앗 산 기슭에 누운 염소 떼 같고

6 네 이는 목욕하고 나오는 암양 떼 같으니
쌍태를 가졌으며 새끼 없는 것은 하나도 없구나

7 너울 속의 네 뺨은 석류 한 쪽 같구나

8 왕비가 육십 명이요 후궁이 팔십 명이요 시녀가 무수하되

⁹내 비둘기, 내 완전한 자는 하나뿐이로구나
그는 그의 어머니의 외딸이요

그 낳은 자가 귀중하게 여기는 자로구나
여자들이 그를 보고 복된 자라 하고
왕비와 후궁들도 그를 칭찬하는구나

¹⁰아침 빛 같이 뚜렷하고 달 같이 아름답고 해 같이 맑고
깃발을 세운 군대 같이 당당한 여자가 누구인가

¹¹골짜기의 푸른 초목을 보려고
포도나무가 순이 났는가 석류나무가 꽃이 피었는가 알려고
내가 호도 동산으로 내려갔을 때에

¹²부지중에 내 마음이 나를
내 귀한 백성의 수레 가운데에 이르게 하였구나

¹³돌아오고 돌아오라 술람미 여자야 돌아오고 돌아오라
우리가 너를 보게 하라

너희가 어찌하여 마하나임에서 춤추는 것을 보는 것처럼
술람미 여자를 보려느냐

7

¹귀한 자의 딸아
신을 신은 네 발이 어찌 그리 아름다운가

네 넓적다리는 둥글어서
숙련공의 손이 만든 구슬 꿰미 같구나

²배꼽은 섞은 포도주를 가득히 부은 둥근 잔 같고
허리는 백합화로 두른 밀단 같구나

³두 유방(乳房)은 암사슴의 쌍태 새끼 같고

⁴목은 상아 망대 같구나

눈은 헤스본 바드랍빔 문 곁에 있는 연못 같고
코는 다메섹을 향한 레바논 망대 같구나

5머리는 갈멜 산 같고 드리운 머리털은 자주 빛이 있으니
왕이 그 머리카락에 매이었구나

6사랑아 네가 어찌 그리 아름다운지,
어찌 그리 화창한지 즐겁게 하는구나

7네 키는 종려나무 같고 네 유방은 그 열매송이 같구나

8내가 말하기를 종려나무에 올라가서
그 가지를 잡으리라 하였나니
네 유방은 포도송이 같고 네 콧김은 사과 냄새 같고

9네 입은 좋은 포도주 같을 것이니라
이 포도주는 내 사랑하는 자를 위하여

미끄럽게 흘러내려서 자는 자의 입을 움직이게 하느니라

¹⁰나는 내 사랑하는 자에게 속하였도다
그가 나를 사모하는구나

¹¹내 사랑하는 자야
우리가 함께 들로 가서 동네에서 유숙하자

¹²우리가 일찍이 일어나서 포도원으로 가서
포도 움이 돋았는지, 꽃술이 퍼졌는지,

석류 꽃이 피었는지 보자
거기에서 내가 내 사랑을 네게 주리라

¹³합환채가 향기를 뿜어내고
우리의 문 앞에는 여러 가지 귀한 열매가
새 것, 묵은 것으로 마련되었구나

내가 내 사랑하는 자 너를 위하여 쌓아 둔 것이로다

8 ¹내가 내 어머니의 젖을 먹은 오라비 같았더라면
내가 밖에서 너를 만날 때에 입을 맞추어도
나를 업신여길 자가 없었을 것이라

²내가 너를 이끌어 내 어머니 집에 들이고
네게서 교훈을 받았으리라
나는 향기로운 술 곧 석류즙으로 네게 마시게 하겠고

³너는 왼팔로는 내 머리를 고이고
오른손으로는 나를 안았으리라

⁴예루살렘 딸들아 내가 너희에게 부탁한다
내 사랑하는 자가 원하기 전에는
흔들지 말며 깨우지 말지니라

⁵그의 사랑하는 자를 의지하고
거친 들에서 올라오는 여자가 누구인가

너로 말미암아 네 어머니가 고생한 곳
너를 낳은 자가 애쓴 그 곳 사과나무 아래에서
내가 너를 깨웠노라

⁶너는 나를 도장 같이 마음에 품고 도장 같이 팔에 두라
사랑은 죽음 같이 강하고 질투는 스올 같이 잔인하며
불길 같이 일어나니 그 기세가 여호와의 불과 같으니라

⁷많은 물도 이 사랑을 끄지 못하겠고
홍수라도 삼키지 못하나니 사람이 그의 온 가산을 다 주고
사랑과 바꾸려 할지라도 오히려 멸시를 받으리라

⁸우리에게 있는 작은 누이는 아직도 유방이 없구나

그가 청혼을 받는 날에는 우리가 그를 위하여 무엇을 할까

⁹그가 성벽이라면 우리는 은 망대를 그 위에 세울 것이요
그가 문이라면 우리는 백향목(柏香木) 판자로 두르리라

¹⁰나는 성벽이요 내 유방은 망대 같으니
그러므로 나는 그가 보기에 화평을 얻은 자 같구나

¹¹솔로몬이 바알하몬에 포도원이 있어
지키는 자들에게 맡겨 두고

그들로 각기 그 열매로 말미암아
은 천을 바치게 하였구나

¹²솔로몬 너는 천을 얻겠고
열매를 지키는 자도 이백을 얻으려니와
내게 속한 내 포도원은 내 앞에 있구나

¹³너 동산에 거주하는 자야
친구들이 네 소리에 귀를 기울이니 내가 듣게 하려무나

¹⁴내 사랑하는 자야 너는 빨리 달리라
향기로운 산 위에 있는 노루와도 같고
어린 사슴과도 같아라

이벤트 참여하기

시가서_(15)욥기, (16)시편상, (16)시편중, (17)시편하 | 전도서 | 아가 (18)잠언을 필사 완료하신 분은
각 권의 마지막장 필사본의 인증샷을 찍어 아래의 연락처로 보내주시면 소정의 기념품을 보내드립니다.

엮은이 연락처 ☎ 010-5424-7706

God bless you~

17

개역개정·구약성경쓰기

시 편 하
전도서 | 아가

초판 1쇄 발행 | 2017년 6월 11일

엮은이 | 김영기
디자인 | 신경애
펴낸곳 | 도서출판 레마북스
출판등록 | 2015년 4월 28일(제568-2015-000002호)
주소 | 충남 당진시 송산면 유곡로 20
전화 | 010.5456.9277(출판사) 010.5424.7706(엮은이)
전자우편 | starlove73@naver.com
총판 | 하늘유통(031.947.7777)

값 12,000원
ISBN 979-11-87588-03-0 04230
ISBN 979-11-87588-04-7 04230(세트)

이 도서의 국립중앙도서관 출판예정도서목록(CIP)은 서지정보유통지원시스템 홈페이지(http://seoji.nl.go.kr)와 국가
자료공동목록시스템(http://www.nl.go.kr/kolisnet)에서 이용하실 수 있습니다.(CIP제어번호: CIP2017013769)